Allaitement : le guide pratique

Marjolaine Solaro

Avec Marie-Christine Bourg,
sage-femme

ISBN 978-2-7540-6469-9
Dépôt légal : juin 2014
Imprimé en France par Pollina - L68734
Édition : Audrey Bernard
Mise en page intérieure : NPEG.FR
Couverture : Bérengère Renault
Illustrations : Nathalie Jomard
Illustrations p. 16, 29/30 : Dorothea Renault

Éditions First, un département d'Édi8
12, avenue d'Italie
75 013 Paris – France
Tél. : 01 44 16 09 00
Fax : 01 44 16 09 01
E-mail : firstinfo@efirst.com
Site internet : www.editionsfirst.fr

Les auteurs

Marjolaine Solaro est rédactrice et réalisatrice. Maman de trois enfants qu'elle a allaités avec grand bonheur, elle s'est spécialisée dans le domaine du médical et de la maternité. Blogueuse sur www.marjolie-maman.com, elle est déjà l'auteur du *Dico des petits et gros bobos* et de *Ma grossesse en 300 questions/réponses* dans la collection « Ma p'tite famille ! » aux éditions First.

Marie-Christine Bourg est sage-femme libérale à Paris. Depuis des années, elle accompagne les femmes pendant leur grossesse, dans leur découverte de la maternité et tout au long de leur allaitement. Elle a notamment collaboré à *Ma grossesse en 300 questions/réponses*.

Remerciements de Marjolaine Solaro

Merci à Guilem, Séraphine et Octavie de m'avoir permis d'allaiter durant de si jolies périodes.
Merci à Tanguy pour son soutien encore et toujours.
Merci à Marie-Christine Bourg, ma bonne étoile sur la voie de la maternité et l'experte attentive de ces pages.
Merci à Audrey Bernard de chez First pour sa confiance renouvelée.
Merci à Céline, Jean-Paul, Dominique, Maryvonne, François, Marie et à tous ceux qui ont bien voulu me confier leur témoignage.
Et enfin, merci à ma maman et ma mamie qui m'ont transmis l'amour de l'allaitement maternel.

Sommaire

Introduction

Vous avez ce guide entre les mains... Vous êtes une maman allaitante, vous souhaitez allaiter votre futur bébé ou vous vous posez encore la question...

Pour certaines femmes, l'allaitement n'est pas un choix, mais une évidence parce qu'elles ont vu les femmes de leur entourage le pratiquer dès leur plus jeune âge, parce qu'elles ont ancré en elles cette envie de donner à leur bébé leur lait et bien plus, via l'allaitement au sein.

Pour d'autres, l'allaitement semble mystérieux, inconnu. Si l'envie est là, elle est peut-être freinée par une méconnaissance ou une peur.

L'allaitement en France est auréolé de « on-dit » angoissants. Les amies se transmettent les unes aux autres leurs expériences, parfois, catastrophiques de l'allaitement, et partagent un souvenir amer de leur échec.

Ces échecs peuvent être vécus très difficilement par de jeunes mamans qui cherchent à faire du mieux qu'elles peuvent pour leur bébé, mais qui se heurtent à un système médical et à une société peu enclins à favoriser l'allaitement, malgré les recommandations de santé publique.

Pourtant, tout le monde aurait à y gagner. Les mamans qui réussissent leur allaitement sont des mamans qui ont une bonne image d'elles-mêmes. Les bébés en forme reçoivent la nourriture la plus adaptée à leurs besoins, un cadeau pour leur santé future. Les couples maman-bébé tissent un lien exceptionnel, accompagnés de papas fiers de leur femme qui nourrit si bien le fruit de leur amour...

Certains guides très complets et très intéressants sur l'allaitement méritent d'être lus, mais ils peuvent aussi être intimidants.

Nous avons envisagé cet ouvrage comme un guide simple, utilisant des mots compréhensibles, comme un livre de partage des savoirs relatifs à l'allaitement qui ne noie pas les lectrices dans un jargon peu accessible. Nous l'avons voulu comme un havre où la bienveillance permettrait à chaque lectrice d'avoir confiance en elle et en son bébé. Nous l'avons voulu comme un ami qui vient faire taire les doutes.

Parce que l'une des clés d'un allaitement réussi est la confiance. Celle que la maman a en elle et en ses capacités d'allaitement, celle qu'elle a en son corps, celle qu'elle met en son bébé, petit être tellement capable dès ses premières minutes de vie.

L'allaitement est une incroyable aventure qui vient prolonger la grossesse.

Nous vous souhaitons une lecture instructive et un allaitement riche en belles émotions.

acte
1

Démarrer son allaitement

Ouverture

Vous êtes motivée, vous avez très envie d'allaiter et vous allez y arriver ! La plupart du temps, ce sont les premiers jours qui sont difficiles, mais une fois que l'allaitement est lancé sur de bons rails, c'est un vrai bonheur.

SCÈNE 1
Les bases

L'allaitement, c'est une décision qui relève du champ personnel, de l'intime. C'est votre choix, nul besoin de le justifier.

Si l'allaitement n'est pas forcément une évidence pour vous, cette petite liste de bonnes raisons d'allaiter pourra peut-être vous éclairer.

Si votre décision est prise, vous y découvrirez peut-être des avantages auxquels vous n'auriez pas pensé.

Et quand bien même votre décision ne serait toujours pas prise le jour de la naissance, vous pourrez toujours donner la tétée de bienvenue et quelques autres à votre bébé avant de vous décider.

LES BONNES RAISONS D'ALLAITER

Évidemment, chaque femme a ses bonnes raisons d'allaiter ou de ne pas allaiter qui lui sont propres, cette liste ne vous semblera peut-être pas 100 % vraie selon vos critères, mais il y a autant de bonnes raisons d'allaiter que de femmes...

À vous d'ajouter celles que nous aurions pu oublier en fin de liste !

- Allaiter, c'est ce qu'il y a de mieux pour la santé de votre bébé.
- Le lait maternel est le meilleur aliment pour la croissance et le développement de votre bébé. Le seul, parfaitement adapté à ses besoins, et sans huile de palme.
- Le lait maternel est beaucoup plus digeste que le lait artificiel et évite les problèmes d'allergie due à certains composants du lait de vache.
- Allaiter vous permet de partager vos anticorps et vos omégas 3 avec votre bébé et de préserver au mieux sa santé.
- Allaiter, c'est favoriser le lien mère-enfant.

- Allaiter, c'est continuer ce que votre corps a commencé durant neuf mois : nourrir seul votre bébé.
- Allaiter permet à votre utérus de retrouver sa taille et sa place plus rapidement en entraînant des contractions appelées « tranchées ».
- Allaiter peut aider à perdre en douceur les kilos pris pendant la grossesse, car cela vous fait consommer plus de calories.
- Allaiter est bon pour la santé de la maman et réduit le risque de cancer du sein et des ovaires.
- Quand on allaite, le lait est toujours à température idéale, pas de risque de brûlure, pas besoin de four à micro-ondes ou de chauffe-biberon.
- Allaiter évite d'avoir à préparer un biberon au milieu de la nuit.
- Allaiter permet de partir en virée sans emporter les biberons, l'eau, le lait en poudre...
- Cela évite de paniquer parce que l'on n'a pas prévu assez de lait pour un deuxième biberon et qu'il y a des embouteillages sur la route des vacances.
- Allaiter occasionne moins de courses.
- Cela fait faire des économies puisque l'on n'achète ni lait en poudre, ni eau minérale (de l'ordre de 100 euros par mois !).
- Quand on allaite, on n'est jamais à court de lait au milieu de la nuit.
- Cela n'entraîne pas de vaisselle supplémentaire.
- Cela permet de calmer les pleurs de bébé le jour ou la nuit.
- Allaiter, c'est écologique ! On ne pollue pas avec les emballages et le bilan carbone de votre sein à sa bouche est égal à zéro !
- Allaiter, c'est prendre aussi le temps de se reposer en étant installée confortablement avec son bébé, ou même en allaitant allongée.
- C'est découvrir que son corps est capable de faire de grandes choses sans même y penser.
- C'est ressentir parfois un plaisir intense à donner le sein à son bébé.
- Donner le sein est une chose assez magique et vous en avez très envie.

À vous d'ajouter encore quelques bonnes raisons :

....

....

....

....

....

....

....

....

....

....

....

....

➔ Les bienfaits de l'allaitement sont internationalement reconnus en termes de santé publique et d'économie.

En 1990, l'OMS et l'Unicef ont établi la déclaration Innocenti sur la protection, la promotion et l'encouragement de l'allaitement maternel. Elle reprend les avantages liés à l'allaitement et préconise un allaitement exclusif de 4 à 6 mois, puis une diversification accompagnée d'un allaitement jusqu'aux 2 ans de l'enfant.

En 2005, la déclaration a été reprise et a marqué de nouveaux engagements.

La déclaration Innocenti fait référence pour tout ce qui touche à l'allaitement maternel, notamment à l'initiative « Hôpital ami des bébés ».

Vous pouvez la consulter sur le site de l'Unicef : www.unicef.org/french/nutrition/index_24807.html

L'ALLAITEMENT, COMMENT ÇA MARCHE ?

La fabrication du lait

Votre sein est une vraie usine à fabriquer du lait.

Dès la grossesse, les hormones préparent votre corps à l'allaitement et vous pouvez avoir quelques gouttes de colostrum qui perlent sur le mamelon dès le deuxième trimestre. Si vous retrouvez des petites croûtes jaunes ou blanches séchées dans votre soutien-gorge, c'est certainement du colostrum.

Que cela arrive ou non ne présage en rien de la qualité de votre futur allaitement. Ces petites fuites peuvent avoir lieu puis disparaître jusqu'à la fin de la grossesse sans que cela ne soit inquiétant. Si un seul de vos seins coule, signalez-le lors de votre prochaine consultation de suivi de grossesse.

Les seins sont organisés en plusieurs lobules : chaque lobule comprend un canal principal qui se ramifie en canaux plus petits (un peu comme les branches d'un arbre). Chaque petit canal aboutit à une alvéole, sorte de petit sac qui va sécréter le lait.

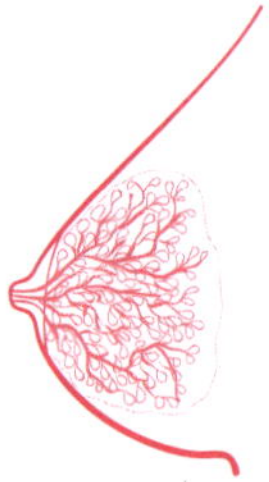

La production de lait se réalise grâce à deux hormones : l'ocytocine et la prolactine.

L'ocytocine, que l'on appelle aussi hormone du plaisir, vous donne un sentiment de plaisir et de détente durant les tétées.

Le sein fabrique le lait à la demande du bébé par le biais de la succion.

Plus un bébé tète, plus le corps produit de lait. L'image du sein comme un récipient qui se remplit et se vide est totalement erronée. Un sein ne peut jamais être vidé complètement.

Le lait maternel

Le colostrum

Les premiers jours de sa vie, votre bébé va téter ce lait jaune orangé très concentré. Il est riche en protéines, en sels minéraux et en anticorps. Il protège votre bébé contre les bactéries. Il favorise également la bonne mise en place de la flore intestinale. Aucun lait artificiel ne peut pour le moment s'approcher de ses qualités de protection. Il est parfaitement adapté au nouveau-né et très facilement assimilable.

Le lait mature

Après la montée de lait (vers le 4e-5e jour), le lait maternel trouve rapidement sa composition. Il est blanc, bleuté et moins épais que du lait de vache.

Il est composé d'eau, de glucides, de lipides, de protéines et de micronutriments.

Il évolue au cours de la tétée. En début de tétée, il est surtout destiné à désaltérer et hydrater votre bébé. Il est composé d'eau et de sels minéraux.

Les protéines et les lipides augmentent vers le milieu de la tétée. Le lait de fin de tétée est beaucoup plus concentré en lipides qui vont favoriser la croissance du bébé.

Il est donc important que le bébé boive consciencieusement sur un sein avant de lui proposer l'autre ou d'interrompre la tétée.

Le lait évolue aussi au cours de la journée pour répondre aux besoins de votre enfant.

Pour prévenir un risque hémorragique rare, tous les nouveau-nés doivent recevoir de la vitamine K dès la naissance et pendant toute la durée de l'allaitement exclusif au sein.

LES ON-DIT DE L'ALLAITEMENT : VRAI OU FAUX ?

Entre rumeurs et on-dit, l'allaitement est bien souvent associé à des idées définitives en sa défaveur. Pourtant, il s'agit en général de croyances fausses. Petit point avant d'entrer dans le vif du sujet.

Allaiter, ça abîme les seins.

Plutôt faux. En effet, ce sont les changements de volume qui vont surtout laisser des traces (vergetures, peau détendue) particulièrement quand ils se font de manière brutale. C'est donc plus la grossesse et les changements qu'elle entraîne qui sont responsables de la modification de l'apparence de la poitrine. L'allaitement aide plutôt vos seins à retrouver leur taille de manière progressive lors du sevrage.

Allaiter, ça fatigue.

Faux, c'est être maman d'un nouveau-né qui est fatiguant ! Que vous allaitiez ou que vous donniez le biberon, il faut de toute manière se lever la nuit et votre corps a besoin de récupérer après neuf mois de grossesse. Si vous piquez du nez en fin de tétée, c'est parce que les hormones libérées vous incitent à vous reposer. Une sorte de garde-fou bien utile quand on veut en faire trop !

En ce qui concerne les nuits, certains bébés allaités dorment d'une traite au bout de quelques jours et d'autres peut-être pas pendant plusieurs mois, sans que cela ne s'améliore en les passant au biberon.

Allaiter, ça fait maigrir.

Vrai et faux. Si certaines vont perdre du poids (exceptionnellement de manière excessive) durant l'allaitement, d'autres vont avoir tendance à stocker et ne perdront ensuite qu'au sevrage.

Allaiter, ça empêche le papa de nouer une relation solide avec son bébé.

Faux et nombreux sont les papas qui peuvent en témoigner (voir les témoignages de Jérôme et Erwan, page 186). Il y a mille autres choses au-delà de donner le biberon qui permettent de créer une relation forte.

Allaiter, ça fait mal.

Faux et ultra faux ! Allaiter ne doit pas faire mal.

Mes seins sont trop petits pour allaiter.

Faux, la taille des seins n'est aucunement en lien avec la capacité de votre corps à produire du lait.

On n'a pas assez de lait pour allaiter dans ma famille.

Faux, à part quelques cas exceptionnels, chaque femme peut produire la quantité de lait suffisante pour son ou ses bébés. En allaitant à la demande (et aux signes d'éveil les premiers temps), vous aurez de quoi nourrir votre bébé. Faites-vous confiance, et faites- lui confiance.

Allaiter, c'est un moyen de contraception.

Vrai et faux – En suivant la méthode MAMA, l'allaitement peut être considéré comme un moyen de contraception mais en respectant scrupuleusement ses règles et pendant les six premiers mois. Ne considérez pas l'allaitement comme un moyen de contraception (voir page 113).

➔ Les mots magiques

Voilà quelques mots que nous vous répéterons tout au long de ce livre. Ces notions sont les clés d'un allaitement réussi, en cas de « coup de mou », relisez-les et faites en sorte de les mettre en œuvre.

Confiance
En vous, en votre corps, en votre bébé.

Repos
Votre corps a besoin de se reposer pour produire du lait dans les meilleures conditions.

Un bébé reposé a l'énergie pour téter.

Fusion
Nécessaire entre la maman et le bébé les premières semaines pour permettre à l'allaitement de se mettre en place.

À la demande
Oubliez votre montre et regardez votre bébé. Une fois mis en route, l'allaitement à la demande, c'est aussi simple que ça.

SCÈNE 2
Bien préparer son allaitement

Pourquoi les débuts sont-ils si difficiles ? Certaines mamans manquent d'informations et de confiance en elles. Alors qu'elles ont tout ce qu'il faut pour allaiter, elles se laissent submerger par les angoisses transmises par le corps médical, leur mère, leur belle-mère, leurs copines, qui trouvent que la prise de poids n'est pas assez rapide ou qui pensent que le bébé ne fera pas ses nuits de si tôt. Elles peuvent aussi souffrir parce que leur bébé prend mal le sein. La fatigue et la douleur peuvent alors sembler insurmontables et conduire à abandonner l'allaitement. Ce que l'on ne connaît pas, ce que l'on ne maîtrise pas peut faire peur et la peur est une mauvaise amie en ce qui concerne l'allaitement (et la maternité en général d'ailleurs).

Voilà pourquoi il est capital de savoir à quoi s'attendre et d'avoir quelques astuces sous la main pour passer au mieux ce cap des premiers jours. Il est également important d'avoir une ou plusieurs personnes de confiance vers qui se tourner pour obtenir des conseils quand les difficultés surgissent.

Mettez tous les atouts de votre côté et lisez ce chapitre avant d'accoucher afin de reconnaître les situations « à risques » quand vous en rencontrerez une. Vous saurez alors comment la gérer au mieux et vous passerez l'épreuve avec succès.

Si parfois la situation vous donne envie de laisser tomber, n'hésitez pas à contacter votre sage-femme ou une consultante en lactation.

Et souvenez-vous, si les débuts sont parfois un peu chaotiques, la suite de l'allaitement se déroule sans encombres ! La fierté d'avoir passé un cap difficile vous fera apprécier encore plus la simplicité d'un allaitement mis en place.

S'INFORMER

Quel est donc le meilleur moyen de se renseigner sur l'allaitement ? Les cours de préparation à l'accouchement pardi ! Durant ces cours, vous êtes face à une sage-femme qui a souvent plus le temps pour discuter du sujet que la personne chargée de votre suivi de grossesse. Et en termes d'allaitement comme en termes de grossesse, il n'y a pas de question bête. Bien souvent, un cours est même dédié à l'allaitement. Ce cours vous offre la possibilité de poser toutes les questions qui vous trottent dans la tête. Est-ce qu'avoir des petits seins fait que l'on a moins de lait ? Est-ce que je peux manquer de lait ? Est-ce que je vais avoir mal ? Vous devez vous sentir libre de formuler vos questions et vos angoisses. La sage-femme est là pour ça. Si le cours se passe en tête-à-tête, cela peut être plus facile, mais s'il s'agit de cours en groupe, vous profitez aussi des questions posées par les autres futures mamans auxquelles vous n'auriez peut-être pas pensé.

De nos jours, il est extrêmement facile d'avoir accès à des informations de qualité sur l'allaitement. Vous avez ce livre entre les mains, c'est déjà une très bonne chose. N'hésitez pas à en lire d'autres si besoin. Préférez des ouvrages récents, car l'allaitement est un domaine où les recherches, les découvertes et les préconisations évoluent sans cesse.

Si vous cherchez des informations sur Internet, vous trouverez également des sites pro-allaitement parfaitement bien documentés. Prenez en revanche quelque peu vos distances avec les groupes et les forums autour de l'allaitement où toutes les informations ne sont pas forcément vérifiées. Ces groupes peuvent effectivement être un très bon soutien moral et être source de bonnes astuces, mais les dérives sont rapides quand on aborde les questions d'ordre médical. Ne prenez par exemple jamais un traitement qui aurait été prescrit à une autre maman allaitante sans avoir reçu un avis médical. Certains de ces groupes peuvent également être un peu oppressants ou culpabilisants si vous n'êtes pas dans le même mode de pensée. Prenez le temps de parcourir les différents sujets et commentaires postés dans différents groupes avant de vous engager dans l'un d'eux.

ÊTRE PRÊTE À ENTENDRE TOUT ET SON CONTRAIRE

Il y a quelque chose d'assez étonnant pour une jeune maman qui allaite ou qui compte allaiter : c'est le nombre de fois où elle entendra une chose et son contraire en ce qui concerne l'allaitement. Alors que les messages de santé publique sont clairs (l'allaitement est ce qu'il y a de meilleur, il faut favoriser l'allaitement en soutenant les jeunes mamans...), le personnel médical semble parfois appliquer les consignes et les préconisations de façon complètement anarchique. Parfois dans la même journée, une sage-femme du service de suites de couches viendra vous dire qu'il faut réveiller votre bébé toutes les trois heures pour qu'il mange. Quand l'équipe suivante arrivera, la sage-femme de garde vous assurera que vous pouvez laisser votre bébé sans téter durant six heures. De quoi perdre la tête et perdre confiance...

Fiez-vous à vous-même. C'est difficile, extrêmement difficile de se faire confiance surtout s'il s'agit d'un premier bébé et que l'on n'a jamais allaité avant. Pourtant, c'est vous la maman et personne n'est mieux placé que vous pour savoir ce qui est bon pour votre bébé. Faites confiance à votre bon sens, faites confiance à vos instincts. Regardez votre bébé et agissez en conséquence. Noubliez pas que vous connaissez votre bébé depuis bien longtemps, avant même sa naissance.

SCÈNE 3
Les premiers pas

Vous vous sentirez peut-être maladroite ou cela vous semblera évident mais ne vous mettez pas la pression. L'allaitement maternel va faire partie des premiers gestes que vous effectuerez pour prendre soin de votre nouveau-né et de vos premiers pas de maman. Ayez confiance en vous.

L'ALLAITEMENT À LA DEMANDE

La seule et unique règle à respecter pour bien lancer son allaitement est celle de l'allaitement à la demande. Il y a encore moins de vingt ans, l'allaitement se faisait selon des règles strictes. On réveille bébé toutes les quatre heures pour qu'il mange, pour le « rythmer », on supprime les tétées de nuit une fois que le bébé a trois mois, car il n'en a plus besoin, etc. Ouf, ce temps est révolu, on allaite désormais à la demande, même si votre belle-mère trouve que c'est une hérésie.

Allaiter à la demande signifie proposer le sein à son bébé à chaque fois qu'il est en demande. Mais attention, la demande peut se traduire les premiers jours par des signes de faim, mais également par des signes d'éveil.

Les signes d'éveil et de faim :

- Le bébé ouvre les yeux.
- Il enfouit son nez dans votre décolleté ou dans celui de la personne qui le porte, en cherchant à téter.
- Il pleure.
- Il crie.
- Il miaule.
- Il ouvre la bouche comme s'il cherchait à téter.
- Il s'agite dans son sommeil.

Proposez le sein à chacun de ces moments sans regarder votre montre.

Durant toute sa durée, l'allaitement sera à la demande. Certaines journées, votre bébé tétera plus de dix fois, d'autres jours seulement quatre fois suivant ses besoins et suivant la nécessité de stimuler ou non votre lactation. Plus votre enfant grandira, plus un rythme se dessinera même si cela est très variable selon les bébés.

Ne regardez pas combien de temps s'est écoulé entre deux tétées si vous trouvez qu'il demande trop souvent. Un bébé qui vient de naître a un tout petit estomac et le lait maternel se digère rapidement, en une heure. Gardez aussi en tête que toutes les tétées ne sont pas forcément alimentaires et que votre bébé ne tète pas seulement parce qu'il a faim de lait. Il peut aussi « avoir faim » de câlin ou d'assurance, avoir envie d'apaiser un besoin de succion…

LA PREMIÈRE TÉTÉE

Alors qu'elle vous installe en salle de naissance avant le grand moment, profitez-en pour discuter un peu avec la sage-femme qui vous assiste. Expliquez-lui que vous souhaitez allaiter votre bébé et que vous aimeriez le mettre au sein le plus rapidement possible. Les réflexes de succion et de fouissement (quand le bébé enfouit son nez cherchant l'odeur du sein) sont les plus forts dans les deux heures qui suivent la naissance, il faut profiter de cette période pour mettre toutes les chances de votre côté. Ensuite, ces réflexes diminuent pour redevenir plus forts dans les deux jours suivants. Il n'est pas rare de voir certains bébés à peine sortis du ventre de leur mère ramper jusqu'au sein qu'ils vont attraper goulûment ! De plus, après ce laps de temps de deux heures, le bébé peut se trouver en hypoglycémie et on lui donnerait alors un biberon d'eau sucrée, cela serait vraiment très dommage.

Une fois votre bébé né, demandez donc rapidement à le mettre au sein si on ne vous le propose pas. Cela fera partie des premières décisions que vous aurez à prendre en tant que maman et votre compagnon peut vous assister en allant chercher la sage-femme par exemple. Elle pourra vous aider à trouver la bonne position si besoin. Si vous vous retrouvez seule en salle d'accouchement, car votre équipe est occupée ailleurs et que l'on ne vous a pas donné de consignes contraires, proposez votre sein pour la tétée d'accueil. Vous serez étonnée par la force et la concentration que votre bébé pourra démontrer à ce moment-là.

Prenez votre temps pour cette première tétée. Collez votre bébé bien contre vous, nombril contre nombril. Approchez votre bébé de votre sein en lui caressant le menton pour stimuler l'ouverture de sa bouche. Laissez-le respirer votre odeur, il sait instinctivement que c'est bon pour lui.

En donnant cette première tétée, vous offrez à votre bébé une merveilleuse chose : le colostrum. Le colostrum est le premier lait sécrété par vos seins après l'accouchement et pendant environ trois jours. Il est épais et jaune-orange. Il fournit à votre bébé des nutriments parfaitement adaptés à ses besoins qu'il va assimiler facilement, des anticorps qui vont le protéger. Il va également favoriser le développement de sa flore et de sa muqueuse intestinales.

On appelle parfois le colostrum « l'or liquide » pour toutes ses propriétés et parce qu'aucun aliment naturel ou de synthèse ne peut lui être équivalent pour le nouveau-né. Oui, vous êtes la seule à pouvoir produire ce colostrum parfaitement adapté à votre enfant. Quel superpouvoir !

Mais cette tétée rapide après la naissance présente également un avantage pour vous puisqu'elle vous aide à expulser plus rapidement le placenta (étape de la délivrance).

Le plus de la sage-femme

Pour cette première tétée en salle de naissance, laissez faire votre bébé à son rythme. Certains rampent vigoureusement pour venir jusqu'au sein et tètent avec énergie, d'autres viennent poser leur petite tête sur le sein et semblent s'y endormir, ou bien lèchent le sein, mais sans vraiment téter : ils ont peut-être besoin d'un petit temps de repos après tout ce qu'ils viennent de vivre. Ne soyez pas inquiète, votre bébé sait faire, mais ce n'est juste pas encore le moment pour lui.

L'ALLAITEMENT À LA MATERNITÉ

Que vous soyez dans une clinique ou dans un hôpital, votre allaitement peut être très bien pris en charge ou complètement saboté. Certains établissements (seulement une vingtaine en France, sur 535 maternités) ont désormais le label « hôpital amis des bébés » qui désigne qu'ils favorisent l'allaitement. Vous retrouverez plus d'informations sur le site http://amis-des-bebes.fr/

Les témoignages de mamans mal conseillées à la maternité en termes d'allaitement sont malheureusement légion et ne peuvent être ignorés. Il y a un vrai souci en France dans les services de suites de couches et même si certaines équipes sont tout à fait formidables, d'autres, en mettant la pression inutilement sur les jeunes mamans ou en appliquant des méthodes à l'ancienne, ruinent des allaitements. Ne vous laissez pas déstabiliser.

Pour bien démarrer votre allaitement :

- **Installez-vous confortablement** quand vous donnez le sein.
- **Déshabillez un peu votre bébé** et enlevez-lui son bonnet et sa turbulette pour qu'il soit bien éveillé et qu'il n'ait pas trop chaud. Boire au sein lui demande un gros effort et le réchauffe vite !
- **Proposez fréquemment le sein aux signes d'éveil.** Quelques minutes par-ci par-là stimulent votre lactation.
- **Proposez les deux seins au début** pour bien stimuler votre lactation.

- **Ne vous inquiétez pas de la brièveté des tétées au début.** Le colostrum étant très nourrissant, il n'a pas besoin d'en prendre beaucoup et une tétée de 5 minutes peut suffire.
- **Prenez votre bébé dans vos bras et mettez-le au sein** s'il s'est écoulé plus de quatre à cinq heures depuis la dernière tétée.
- **Stimulez votre bébé s'il s'endort durant une tétée** pour voir s'il tète encore un peu. Pour cela, frottez-lui l'arrière du crâne en rond.
- **Faites du peau à peau** autant que vous le pouvez.
- **Buvez à votre soif et prévoyez toujours un verre d'eau** à vos côtés quand vous donnez le sein. Allaiter donne soif !
- **Prenez soin de vos seins !** Après chaque tétée, faites perler une goutte de lait et étalez-la comme une crème sur votre mamelon. Le lait maternel a de grands pouvoirs hydratants, cicatrisants et antiseptiques.
- **Si vous avez mal, ce n'est pas normal,** demandez à une sage-femme ou à une puéricultrice de vérifier la position de votre bébé pendant qu'il tète.

Voilà un tableau pour vous permettre de vous y retrouver. Il s'agit d'un tableau indicatif, pas besoin de l'appliquer à la lettre pour être dans les clous ! Il vous donne des repères, mais gardez en tête que chaque allaitement est différent.

<table>
<tr><th>Date</th><th>Que produit le sein ?</th><th>Quelle quantité d'eau boire ?</th><th>Durée des tétées (environ)</th><th>Fréquence des tétées</th></tr>
<tr><td>Jour de l'accouchement (J0)</td><td rowspan="3">Colostrum couleur jaune-orangée</td><td rowspan="2">1 à 2 verres d'eau à chaque tétée
2 à 3 l/jour</td><td>Quelques min. à chaque sein</td><td rowspan="8">Compter en moyenne 1 h 30 à 4 h entre 2 débuts de tétée (sauf la nuit si le bébé dort)

Au minimum 6 à 8 tétées/24 h</td></tr>
<tr><td>Jour 1</td><td>5 à 10 min. à chaque sein</td></tr>
<tr><td>Jour 2</td><td>Boire moins si les seins sont sensibles car la montée laiteuse arrive</td><td>5 à 15 min. à chaque sein</td></tr>
<tr><td>Jour 3 (Montée laiteuse)</td><td rowspan="2">Colostrum et lait mélangés</td><td rowspan="2">Boire modérément
env. 1,5 l/jour</td><td rowspan="3">5 à 20 min. à chaque sein</td></tr>
<tr><td>Jour 4 (Montée laiteuse)</td></tr>
<tr><td>Jour 5</td><td rowspan="3">Lait plus gras et plus riche en fin de tétée</td><td rowspan="3">1 à 2 verres d'eau à chaque tétée
2 à 3 l/jour (minimum !)</td></tr>
<tr><td>Jour 6</td><td rowspan="2">5 à 30 min.
Un seul sein ou les deux selon les cas</td></tr>
<tr><td>Jour 7</td></tr>
</table>

M.-C. Bourg, Sage-femme

SCÈNE 4
Les bonnes pratiques

Pour mettre toutes les chances de votre côté pour votre allaitement, voilà quelques repères si vous en avez besoin. Ne restez pas bloquée sur ce que l'on vous dit ou sur ce que vous lisez, adaptez votre allaitement à votre bébé.

LA DURÉE DES TÉTÉES

Il n'y a pas de durée idéale ou précise. Si les tétées sont plus fréquentes, elles sont plus courtes. En revanche, un bébé qui tète quatre à cinq fois par jour peut téter plus longtemps.

Chaque bébé a son propre rythme. La fourchette moyenne va de 10 à 30-45 minutes. Après 45 minutes, on peut considérer qu'il n'y a plus d'apports nutritifs et que la tétée est un peu longue. Certains bébés qui tètent très efficacement vont bénéficier de tous les composants du lait en une dizaine de minutes, mais d'autres vont mettre plus de temps pour recevoir les lipides contenus dans le lait gras de fin de tétée.

Tant que votre bébé mange, tant qu'il est bien positionné, laisse-le au sein. Vérifiez qu'il ne tétouille pas et qu'il déglutit bien. Si votre bébé tète un peu plus vite sans déglutir, la bouche non ventousée au sein ou qu'il recrache discrètement le lait qu'il a dans la bouche, il tète alors juste pour le plaisir. Ne le laissez pas jouer trop longtemps, car il pourrait irriter vos bouts de sein.

N'oubliez pas la règle principale : faites confiance à votre bébé.

LA BONNE PRISE DU SEIN

Une bonne prise du sein est la clé pour un allaitement réussi. Un bébé qui prend bien le sein a une succion efficace et ne risque pas de créer de crevasse. La tétée ne doit pas faire mal, s'il y a une douleur, c'est certainement que le bébé a une mauvaise prise en bouche du sein.

Pour commencer, installez-vous confortablement et placez le bébé face à vous, nombril contre nombril. Voir également les positions pour allaiter, pages 29/30.

Une bonne prise du sein se reconnaît à :

- la grande ouverture de la bouche avant la prise ;
- la langue qui forme une petite gouttière qui sort légèrement ;
- les lèvres bien retroussées qui font ventouse sur votre sein ;
- la bouche qui englobe une grande partie de l'aréole ;
- le menton qui est collé au sein ;
- le nez qui est légèrement décollé du sein ;
- la tête qui est un peu penchée vers l'arrière.

Pour aider votre bébé à bien prendre le sein, vous pouvez :

- lui chatouiller avec un doigt le menton pour qu'il ouvre grand la bouche ;
- faire perler une goutte de lait, lui faire sentir et la déposer sur ses lèvres ;
- chatouiller juste sous son nez avec le téton, pour déclencher le réflexe d'ouverture de sa bouche.

Attention : Ne pincez pas votre aréole pour lui mettre dans la bouche, la prise risque alors d'être biaisée et d'entraîner des douleurs.

Pour lui faire lâcher le sein sans abîmer votre mamelon, tirez légèrement sur son menton pour lui faire entrouvrir la bouche et reculez. Si cela ne fonctionne pas, introduisez le petit doigt dans sa bouche pour faire un appel d'air.

LES POSITIONS POUR ALLAITER

Si vous éprouvez quelques difficultés, n'hésitez pas à tester différentes positions. Le principal est que votre bébé soit bien proche de vous, la bouche grande ouverte avec le mamelon qui entre largement dans sa bouche. Vous pouvez essayer tout ce qui vous semble possible. Aidez-vous d'un coussin classique ou d'un coussin d'allaitement pour être le plus à l'aise possible.

- **La madone (ou « berceuse ») :** c'est la position la plus courante, le bébé tête à un sein, le corps enroulé autour de votre taille.

- **Ballon de rugby (ou « madone inversée ») :** glissez votre bébé sous votre aisselle pour qu'il prenne dans le sens inverse de la madone.

- **À califourchon :** face à vous, le bébé tête assis et bien redressé. Cela peut aider notamment pendant les coliques, ou s'il a tendance à régurgiter.

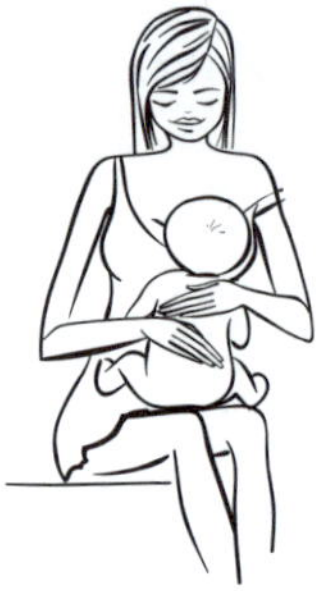

- **Allongée sur le côté :** votre bébé est également allongé sur le côté face à vous.

- **Le Biological Nurturing :** inclinez-vous vers l'arrière comme dans un transat. Mettez le bébé en peau à peau à plat ventre sur vous, et laissez votre bébé mettre ses mains de chaque côté et téter. Dans cette position imaginée par une sage-femme américaine travaillant en Angleterre, Suzanne Colson, les réflexes du bébé aident à l'allaitement.

Varier les positions permet d'en trouver une moins douloureuse ou plus confortable, ça permet aussi de favoriser, si besoin, la vidange du sein (le quadrant qui se trouve en face du nez du bébé).

N'hésitez pas à vous rendre sur le site de la Leche League (voir annuaire page 191) pour en savoir plus et découvrir d'autres positions : www.lll-france.org/Videos/Positions-d-allaitement.html?q=positions

SCÈNE 5
Les difficultés éventuelles

Tout n'est pas rose et paillettes dans l'allaitement et les débuts sont très classiquement émaillés par des petites difficultés. Bien identifier ces petites galères, c'est pouvoir les régler au plus vite, soyez attentive.

LES TRANCHÉES

Les tranchées durent en moyenne trois jours, juste après l'accouchement.

Il s'agit en fait de contractions qui aident votre utérus à reprendre sa place et sa taille originales. Arrivé à la taille d'une pastèque en fin de grossesse, il doit reprendre la taille d'un œuf de poule !

Pour un premier bébé, les tranchées peuvent être assez discrètes. Ces contractions sont également déclenchées quand vous mettez votre bébé au sein, ce qui permet à votre utérus d'involuer plus rapidement. Plus vous avez d'enfants, plus la douleur des tranchées est intense. Aïe…

Le plus de la sage-femme

Pensez à l'homéopathie pour vous soulager si les tranchées sont vraiment trop fortes le premier jour, en particulier Chamomilla.

COMMENT SAVOIR SI BÉBÉ PREND ASSEZ DE LAIT ?

Il suffit de regarder ses couches ! Un bébé qui prend assez de lait mouille au grand minimum 3 à 4 couches par jour (pipi et/ou selles), souvent plus.

Ensuite, regardez votre bébé. S'il tète efficacement au moins 6 à 8 fois par jour les premières semaines, qu'il est repu, c'est-à-dire que son visage est détendu, qu'il garde la bouche ouverte avec éventuellement un peu de lait qui perle au coin de ses lèvres, s'il s'endort ou s'il est paisible après la tétée, c'est qu'il prend ce qu'il lui faut !

LES COMPLÉMENTS DE LAIT ARTIFICIEL

Voilà l'ennemi numéro 1 des allaitements. Le complément de lait est le meilleur moyen de saboter un allaitement. On le propose en général à la maternité parce que le bébé ne prend pas de poids ou qu'il en perd. Au lieu d'accompagner la maman et de l'inviter à allaiter plus, au lieu de vérifier que le bébé tète efficacement, on propose un complément de lait artificiel pour que la prise de poids se fasse plus vite. Or, chaque complément de lait donné entraînera une baisse de la stimulation de la sécrétion lactée et fera rentrer le couple maman-bébé dans une spirale infernale : plus on donne de complément, moins la maman produit de lait, plus il faut donner de complément, etc.

La balance est souvent redoutée dans les maternités, car leur verdict tombe comme un couperet : « votre bébé a perdu tant de grammes, il faut lui donner un complément ».

Le plus de la sage-femme

Tous les bébés perdent du poids les premiers jours. Tous. Et c'est normal. La pesée que l'on fait chaque jour à la maternité permet de mesurer cette perte de poids et de s'assurer qu'elle n'est pas excessive (moins de 10 %) : par exemple, un bébé né à 3 kg peut très bien peser 2,8 kg au bout de deux jours et c'est tout à fait normal. Attendez-vous à cela. Mais on ne peut donner le feu vert pour rentrer à la maison que si le bébé a repris au moins 10 ou 20 g, d'où l'empressement parfois à donner des biberons de complément. Dans ce cas, essayez de négocier un sursis et mettez les bouchées doubles, si j'ose dire…

- **Proposez le sein dès que votre enfant a un œil ouvert,** 5 minutes par-ci, 5 minutes par-là, toutes les heures s'il veut bien.
- **Donnez si possible les deux seins à chaque tétée,** alternez-les même plusieurs fois au cours de la même tétée si votre bébé a tendance à s'endormir au bout de quelques minutes.
- **Si vous ne pouvez pas éviter le complément de lait artificiel,** pas de panique, mais essayez de lui donner à la tasse, à la cuillère ou à la paille.
- **S'il doit quand même avoir un biberon,** ce n'est pas forcément une catastrophe. Il faudra bien le guider pour le positionnement de sa bouche sur le sein et bien l'encourager pour les tétées suivantes.
- **Enfin, proposez toujours le sein en premier** plutôt que le complément.
- **Une dernière chose :** entourez-vous de personnes positives et encourageantes, et « interdisez » momentanément les visites à celles qui vont vous faire douter de votre capacité à nourrir votre enfant !

SCÈNE 6
De retour à la maison

Le retour à la maison va vous permettre de vous reposer vraiment et de vivre au rythme de votre bébé pour lancer votre allaitement sur de bons rails. Tant que vous êtes à la maternité, il est en effet difficile de se reposer entre le va-et-vient du personnel, les visites, les bruits des voisines... Rentrer chez soi, cela fait du bien même si cela peut faire un peu peur !

TROUVER SES MARQUES

Ne soyez pas effrayée de vous retrouver en tête-à-tête avec le bébé ou en trio avec le papa. Vous êtes ses parents, personne n'est mieux placé que vous pour savoir comment prendre soin de lui.

Le plus de la sage-femme

Avec le système PRADO (PRogramme d'Accompagnement au retour à DOmicile) proposé par la CPAM, on vous proposera peut-être le passage d'une sage-femme libérale ou de la PMI à la maison (2 visites). Cela peut être rassurant et permettre une transition plus douce.

Si vous voulez organiser ces visites de façon plus autonome, vous pouvez vous-même contacter une sage-femme libérale proche de chez vous quelques semaines avant l'accouchement, pour lui en parler et l'organiser ensemble.

www.ameli.fr

En ce qui concerne l'allaitement, vous allez pouvoir passer les premières semaines de votre congé maternité à le mettre en place. Un bébé va téter entre 8 et 12 fois en moyenne les quinze premiers jours. Si vous continuez à répondre aux signes de faim et d'éveil sans regarder votre montre et sans chercher à imposer un rythme à votre bébé, votre production lactée va se mettre en place de manière idéale et mener à la montée de lait en général le 3e ou 4e jour après la naissance. Il s'agit d'un petit cap à passer, mais en suivant les conseils suivants, vous vous en sortirez à merveille !

Pendant les quatre premières semaines, restez avec votre bébé, profitez au maximum du peau à peau et donnez-lui exclusivement le sein. Vous pouvez être tentée de tirer votre lait pour faire une nuit complète et faire donner un biberon par le papa. Effectivement, c'est assez tentant mais en faisant ça, vous prenez le risque d'une confusion sein-tétine (voir page 71) et vous mettez en péril votre lactation. Cela peut fort bien marcher pour certaines et être très problématique pour d'autres.

Le plus de la sage-femme

Si cela vous rassure de vous dire que le papa pourra donner un biberon la nuit, pourquoi pas ? Mais observez bien le comportement de votre bébé à la tétée suivante :

•••

- **Imperturbable, il tète comme d'habitude ?** Alors c'est plutôt rassurant, il fait bien la différence entre sein et tétine.
- **Il est comme perdu, n'arrive plus à se positionner, s'énerve ?** Là, méfiance. Si vous continuez les biberons la nuit, vous prenez le risque que l'allaitement s'arrête plus tôt que prévu. C'est un choix qui vous appartient, tout dépend de ce que vous voulez pour la suite.

Reposez-vous et épargnez-vous les tâches quotidiennes. Pour que votre corps produise le lait dont votre bébé a besoin, vous devez le ménager et vous reposer. On entend souvent qu'il faut se reposer en même temps que son bébé les premières semaines. C'est un très bon conseil. Déléguez le maximum de tâches ménagères à votre compagnon. Faites la grasse matinée, faites la sieste pour récupérer de votre accouchement et de vos nuits entrecoupées. Avoir un nouveau-né n'est pas un sprint, c'est plutôt un marathon alors prenez soin de vous. Ce point est plus compliqué si vous avez déjà d'autres enfants à la maison à qui il faut préparer le petit déjeuner, qu'il faut emmener à l'école, etc.

Dans ces cas-là, demandez de l'aide pour toutes les tâches domestiques (la grand-mère peut préparer des bons petits plats, des amis vous faire trois courses en même temps que les leurs, etc.) et consacrez-vous à votre rôle de maman et à vous-même.

Chez vous, installez-vous un endroit confortable où allaiter dans la pièce où vous passez le plus de temps. Gardez à portée de main un coussin d'allaitement, une revue ou un livre, un verre, une bouteille d'eau et un lange lavable pour « éponger » les éventuels débordements ou servir de bavoir.

LA MONTÉE DE LAIT

En général, il suffit de rentrer à la maison pour connaître les joies de la montée de lait ! La montée de lait intervient vers le 3e ou 4e jour après l'accouchement. C'est le moment où le colostrum laisse place au lait mature.

Vos seins sont sensibles, tendus, chauds, leur volume augmente considérablement. Un sein peut être congestionné, le lait a du mal à sortir et votre bébé a donc du mal à téter et à prendre le sein en bouche.

À partir du 2e jour après l'accouchement, guettez l'arrivée de la montée laiteuse (les seins commencent à être un peu plus sensibles, comme au début de la grossesse), et pour mieux la gérer :

- **Buvez modérément** (environ 1,5 litre mais pas 3 !), même si la sensation de soif est intense à ce moment-là.
- **Proposez fréquemment le sein à votre bébé.** Quelques minutes au sein toutes les heures aident à décongestionner.
- **Portez un soutien-gorge ajusté à votre taille.** Un soutien-gorge trop petit sera inconfortable et pourra créer un engorgement.
- **Massez vos seins en rond en évitant l'aréole** avec une huile spéciale allaitement (Weleda, Booboo) ou une huile végétale pour les soulager.

Préparez vos seins avant la tétée pour assouplir l'aréole si elle est très tendue :

- **Prenez une douche bien chaude.** Sous l'effet de la chaleur, le lait sortira peut-être même en geyser sans intervention de votre part, impressionnant !
- **Appliquez des gants de toilette d'eau chaude** sur vos seins.
- **Faites ventouse avec un verre d'eau chaude** pour tirer l'excédent de lait sans stimuler votre lactation : remplissez d'eau chaude un verre d'eau, posez-le sur une table puis posez votre sein dedans. Si l'effet ventouse se fait bien, vous verrez votre lait sortir dans l'eau.
- **Massez l'aréole quelques minutes avant la tétée** pour faire sortir le lait. Plus souple, le sein entrera plus facilement dans la bouche de votre bébé.

Remède de grand-mère : en cas de début d'engorgement, entre les tétées, appliquez sur les zones rouges du sein (pas l'aréole) des feuilles de chou vert griffées à la fourchette et maintenez-les à l'aide du soutien-gorge. Certaines maternités ont d'ailleurs toujours un chou au frais !

La montée de lait peut être assez spectaculaire chez certaines femmes et plus discrète chez d'autres.

LES TÉTÉES DE NUIT

Les premières semaines, votre bébé va avoir besoin de téter fréquemment et notamment la nuit. Toutes les trois heures environ, mais certains bébés font rapidement « leurs nuits » et enchaînent six heures d'affilée. D'autres seront moins impatients de dormir de longues nuits et réclameront des tétées la nuit pendant plusieurs mois. Souvenez-vous que le lait maternel se digère rapidement, que l'estomac du bébé est petit, il est normal qu'il réclame à manger.

Une tétée, particulièrement la nuit, c'est un repas mais c'est aussi un câlin. Votre bébé a besoin de réconfort. Votre réponse à ses pleurs le sécurise. Ne le laissez pas pleurer, prenez-le dans vos bras et offrez-lui votre sein rassurant et son lait tout chaud.

Pour faciliter les tétées de nuit, vous pouvez installer le lit de votre bébé dans votre chambre ou poser un couffin juste à côté de votre lit. Pas besoin de vous lever pour aller le chercher, il vous suffit de sortir les bras du lit pour l'attraper et le mettre au sein.

Profitez de ce moment de grande douceur. Malgré la fatigue, ce sont des instants qui vous laisseront peut-être nostalgique plus tard.

Si vous êtes fatiguée, demandez au papa de faire le change de la couche si besoin et de remettre le bébé dans son lit.

Il existe également le principe du co-dodo, plébiscité par de nombreuses mamans allaitantes. Le bébé dort dans le lit parental tout contre sa maman et peut ainsi boire sans se réveiller ou sans réveiller sa maman, car le sein est à portée de bouche.

Le co-dodo, s'il est pratiqué, doit se faire en respectant des règles de sécurité pour éviter les chutes et les risques de suffocation :

- sur un matelas à même le sol,
- sans couverture ou sans drap sous lequel pourrait se glisser le bébé,
- avec une sécurité sur le bord du matelas pour éviter tout risque de chute,
- par des parents sobres,
- dans une maison où l'on ne fume pas,
- sans qu'aucun des deux parents n'ait pris de somnifères.

Le co-dodo peut aussi être pratiqué avec un berceau de co-dodo qui vient se coller au lit parental.

Les études concernant le co-dodo et la mort subite du nourrisson étant en défaveur du co-dodo, nous ne vous conseillons pas de partager votre lit avec votre bébé.

LES PICS DE CROISSANCE OU JOURS DE POINTE

On répertorie trois pics de croissance aux alentours de la 3e semaine, de la 6e semaine et du 3e mois de votre bébé. Durant un à deux jours, votre bébé va demander à téter plus fréquemment. Vous avez alors l'impression de passer votre temps avec un bébé au sein et votre entourage vous le fait peut-être remarquer, mais cette situation est tout à fait normale. Répondez à la demande de votre bébé et laissez-le téter autant qu'il le demande et ne cherchez pas à espacer les tétées. Il retrouvera son rythme au bout de 48 heures.

Et rassurez-vous, ce n'est pas parce que votre bébé tète sans cesse que vous n'avez plus de lait ou qu'il meurt de faim. Cet appétit soudain est impressionnant mais signe que votre lait et votre allaitement évoluent et donc que tout va bien. Il n'est aucunement nécessaire de compléter avec un biberon de lait (maternel ou artificiel).

Contrairement à ce qu'on a cru pendant longtemps (et que beaucoup de gens croient encore), ce que l'on a appelé à tort les pics de croissance ne sont pas le moyen pour le bébé de demander à sa maman de produire plus de lait. En fait, la production de lait n'augmente pas après ces épisodes, mais il pourrait s'agir de périodes de régression de bébé qui précèdent de grandes acquisitions de son cerveau.

Il vaudrait donc mieux parler de « jours de pointe » que de « pics de croissance ».

Ceci dit, vers l'âge de 3 semaines, le jour de pointe est souvent lié à une baisse passagère de lait en raison de la fatigue accumulée, d'un manque de prise de boisson, etc. et qui précède une deuxième petite montée laiteuse. À ce moment, soyez attentive au nombre de couches souillées par jour (voir tableau page 27).

Si, en même temps que ce que vous pensez être un pic de croissance, votre bébé mouille moins ses couches ou si cette période dure plus de trois jours, n'hésitez pas à consulter.

LA PRISE DE POIDS

C'est l'une des angoisses récurrentes autour des bébés allaités. Il faut savoir qu'un bébé allaité n'a pas la même courbe de poids qu'un bébé qui boit au biberon. Les courbes des carnets de santé sont celles des bébés nourris au biberon, mieux vaut donc se référer aux courbes de poids éditées par l'OMS (Organisation Mondiale de la Santé) : www.who.int/childgrowth/standards/fr/

Un bébé allaité prend entre 20 et 30 grammes par jour les premières semaines. Il n'est pas utile de peser votre bébé tous les jours sauf indication contraire du corps médical. Vous pouvez faire un point une fois par semaine en faisant peser votre bébé à la PMI (Protection Maternelle et Infantile) la plus proche de chez vous. Cela n'est pas indispensable si vous constatez par vous-même que votre bébé s'éveille, qu'il est en forme et qu'il grandit et grossit bien. Un pyjama qui devient un peu juste ou un bourrelet qui apparaît sous le menton sont de très bons indicateurs.

Ensuite, le rendez-vous mensuel chez le médecin pour ses vaccins suffit à vérifier sa bonne évolution.

Si l'on vous alerte sur une prise de poids trop faible de votre bébé, faites appel à une sage-femme ou à une consultante en lactation avant de compléter les repas de votre bébé avec des biberons de lait.

Si l'on vous alerte sur une prise de poids trop forte, ne changez rien ! Un bébé allaité boit ce dont il a besoin et un gros bébé ne prédit pas un enfant obèse, au contraire, l'allaitement prévient l'obésité.

Si le poids augmente beaucoup, mesurez-le, vous verrez qu'il grandit d'autant !

LES SELLES DU BÉBÉ ALLAITÉ

Les selles du bébé allaité sont tout à fait différentes de celles d'un bébé qui boit du lait artificiel. Une fois le méconium vert-noir, épais et visqueux évacué lors des trois premiers jours qui suivent la naissance, les selles vont prendre une coloration jaune d'or. Les selles du bébé allaité sont de consistance granuleuse, molle, presque liquide parfois. Leur odeur est particulière, un peu acide mais beaucoup plus discrète que celle des selles d'un bébé nourri au lait artificiel. Le premier mois d'allaitement, votre bébé a 2 à 3 selles par jour. Certains bébés peuvent aussi avoir une selle à chaque tétée sans que cela soit anormal.

Le premier mois, un bébé allaité à 100 % n'est pas constipé. Si les selles se raréfient, il ne reçoit peut-être pas assez de lait. Proposez-lui plus souvent sans attendre qu'il réclame.

Après un mois, les selles peuvent s'espacer sans que cela soit inquiétant. Certains bébés allaités auront des selles une fois par semaine ou même seulement tous les quinze jours.

Si les selles sont verdâtres, cela peut être dû aux fermentations du lactose en grande quantité dans le lait de début de tétée, veillez à laisser votre bébé boire le sein « jusqu'au bout » pour avoir les lipides.

LE ROT, LES RENVOIS ET HOQUETS DU BÉBÉ ALLAITÉ

Un bébé allaité peut roter après la tétée mais pas forcément. En effet, un bébé qui boit au sein avale moins d'air qu'un bébé au biberon qui lui va roter systématiquement après chaque repas. Après la tétée, redressez votre enfant contre votre torse, la bouche sur votre épaule (que vous aurez protégée avec un bavoir ou un lange) tout en lui maintenant la tête. Gardez-le bien droit et attendez quelques minutes. Une fois le rot fait ou si rien ne vient, vous pouvez le rallonger.

Les bébés allaités peuvent avoir de petits renvois juste après la tétée. C'est tout à fait normal, leur système digestif n'est pas encore mûr. Par gourmandise, certains bébés gardent aussi du lait en bouche en fin de tétée et doivent ensuite le recracher, au péril de votre corsage. En revanche, si votre bébé vomit en jet de grande quantité, consultez un médecin.

Un bébé allaité peut avoir plusieurs hoquets par jour, bien souvent juste après la tétée. Cela n'est pas méchant mais cela peut-être agaçant pour lui. Pour le faire passer, il suffit de lui proposer à nouveau le sein et de laisser le bébé boire quelques gorgée. Vous pouvez également essayer de le redresser et de lui lever les bras le long des oreilles.

➔ Les pleurs du bébé

Vous aviez du mal à le croire quand vous entendiez ces mères dire « je reconnais si mon bébé pleure de faim ou pour autre chose ». Et pourtant, vous pouvez en faire l'expérience désormais et le constater en vous faisant confiance et en étant attentive aux pleurs de votre bébé.

Les **pleurs de faim** sont plus graves, plus rauques avec parfois un petit feulement animal. Ils vont crescendo. Les **pleurs d'inconfort** ressemblent à des petits râles, comme si votre bébé couinait sur un mode lancinant. Les **pleurs de douleur** sont eux plus aigus et parfois même stridents, ils peuvent vous aider par exemple à repérer les crises de coliques. Les **pleurs de fatigue** sont longs et peuvent se calmer si le bébé suce son pouce, une tétine ou qu'il se met en position pour trouver le sommeil.

Exercez-vous à reconnaître les pleurs, en prêtant attention à leurs variantes, vous serez sûrement étonnée de les distinguer.

Si, après la lecture de ce paragraphe, vous avez l'impression que tout cela, c'est du chinois et que tous les pleurs de votre bébé se ressemblent, rassurez-vous cela ne fait pas de vous une mère déficiente. L'essentiel est que vous cherchiez à répondre aux pleurs de votre enfant en cherchant les solutions adaptées : lui donner à manger, changer sa couche, calmer sa douleur, le mettre au lit, le câliner...

Un bébé pleure beaucoup, car c'est l'un de ses uniques moyens de communication. Cela peut être très dur à vivre pour de jeunes parents, surtout pour une jeune maman qui n'a pas de relais durant la journée. Si vous sentez que vous perdez pied et que vous avez besoin d'aide, confiez-vous à votre conjoint ou à votre entourage proche. Si cela est trop difficile ou que vous ne trouvez pas l'écoute nécessaire de la part de votre entourage, n'hésitez pas à contacter Maman Blues, un site non médical de soutien, d'écoute et de conseils dans le cadre de la difficulté maternelle : www.maman-blues.fr

Et si vraiment vous n'allez pas bien du tout, tournez-vous vers le questionnaire d'évaluation du risque de dépression postnatale disponible en ligne : http://dpn.hug-ge.ch/impression/modele_impression_id_487398.html

acte
2

Le matériel

Ouverture

Allaiter son enfant ne nécessite pas de matériel particulier. Une maman, ses seins et un bébé, voilà un trio qui se suffit à lui-même.

Effectivement, a priori, aucun investissement matériel n'est donc nécessaire, mais...

SCÈNE 1
Pourquoi faudrait-il du matériel spécifique ?

On peut allaiter sans souci, sans utiliser aucun accessoire. Demandez à votre mère ou mieux à votre grand-mère comment cela se passait à l'époque si elles allaitaient. Un mouchoir dans le soutien-gorge, on avait éventuellement un tire-lait et on soignait les petits bobos de l'allaitement avec des remèdes de bonne femme. Hop, c'était réglé.

Sauf que nous sommes désormais au XXIe siècle et que, même si la société de consommation nous a créé des besoins inutiles en termes d'allaitement, il ne faut pas cracher sur le confort qu'apportent certains produits. Il faut aussi réaliser que nous n'avons pas la même vie que nos grands-mères, que nous sommes bien souvent des femmes actives dont le temps et l'énergie sont des denrées précieuses.

Alors oui, en toute franchise, on peut allaiter sans accessoires, mais à condition de rester à la maison, de ne pas travailler et d'avoir une vie entre parenthèses et dédiée à la maternité. Autrement, on aura du mal à se passer ne serait-ce que du confort et de l'économie de lessive que procurent les coussinets d'allaitement jetables par exemple.

Dans les faits, il y a les objets basiques dont on aura du mal à se passer et les autres, complètement accessoires qui peuvent cependant être utiles dans certaines situations ou que l'on aura simplement plaisir à utiliser.

Nous vous proposons ici une liste des accessoires tournés vers l'allaitement en vous expliquant leur mode de fonctionnement, leur utilité et leur nécessité selon les situations.

À vous de décider quels seront les objets qui vous paraissent incontournables et ceux dont vous n'aurez pas l'utilité.

SCÈNE 2
Le matériel de A à Z

Pour vous y retrouver dans la jungle du matériel d'allaitement, lisez attentivement les pages qui suivent et cochez ensuite les objets qui vous paraissent indispensables dans la liste pages 60/61.

ALCOOTEST POUR LAIT MATERNEL

Si après avoir bu un peu d'alcool, vous voulez savoir si votre lait maternel peut tout de même être bu sans risque par votre bébé, il existe désormais des bandelettes sur lesquelles on dépose une goutte de lait fraîchement tiré. Dans les minutes qui suivent, la couleur de la bandelette vous indiquera si votre bébé peut boire au sein ou s'il vaut mieux lui donner du lait que vous aurez tiré au préalable ou du lait artificiel.

Inutile évidemment si vous ne buvez pas d'alcool durant votre allaitement.

Nous ne vous conseillons pas d'investir dans ces alcootests avant d'avoir bien lancé votre allaitement. Ensuite, si l'allaitement vous paraît trop restrictif en ce qui concerne la consommation d'alcool occasionnel (un verre lors d'un repas par exemple), pourquoi ne pas essayer.

BAGUE OU BRACELET D'ALLAITEMENT

Ces petits bijoux sont des gadgets destinés à vous aider à savoir quel sein donner. Entre les nuits agitées et la fatigue, on ne sait plus forcément quel sein on est censée proposer à son bébé. Il suffit alors de consulter son bijou. Sur les bagues, il faut retourner une petite pastille sur laquelle est indiqué D ou G. Pour les bracelets, il suffit de changer le bracelet d'une main à l'autre. Un bracelet élastique classique fera donc aussi bien l'affaire.

Ces petits bijoux semblent utiles mais le problème, c'est qu'une fois la tétée terminée, on se demande si on a déjà changé le bracelet de poignet ou si on a déjà fait tourner la pastille de la bague. Il faut alors se donner une règle : je change le signal en début ou en fin de tétée.

L'investissement dans une bague ou un bracelet d'allaitement n'est vraiment pas nécessaire, mais si vous craquez pour l'un des modèles, souvent très jolis, il faut l'avouer, ou que l'on vous en offre un, ne boudez pas votre plaisir. Dans quelques années, cela pourra aussi être un joli souvenir de votre allaitement et un bijou à valeur sentimental à transmettre à votre fille, qui sait ?

Certaines mamans préfèrent accrocher un trombone ou une épingle à nourrice sur le bonnet du soutien-gorge. Sinon, il suffit de « soupeser » chaque sein et donner en premier celui qui semble le plus lourd, donc le plus « plein ».

BIBERON

À quoi peut bien servir un biberon quand on allaite ? À pas grand-chose à vrai dire si on allaite à 100 %. Certains bébés allaités longtemps vont même passer directement au verre sans passer par la case biberon.

Il est tout de même incontournable d'avoir au moins un biberon à la maison au cas où. N'imaginons pas le pire, mais vous pouvez être hospitalisée de nuit en urgence par exemple et votre bébé aura besoin de boire autrement qu'au sein.

Ensuite, vous aurez peut-être envie de passer le relais et que quelqu'un donne un biberon de votre lait ou de lait artificiel de temps en temps. Cela vous permet de vous offrir une nuit complète ou une petite sortie pour prendre l'air, seule.

Nous vous conseillons d'investir dans 1 ou 2 biberons pour commencer. Vous compléterez votre collection si nécessaire au moment du sevrage. Vous aurez ainsi dans le placard de quoi vous dépanner si besoin. Choisissez des biberons qui rappellent le plus possible la forme du sein maternel, car ils minimisent le risque de confusion sein-tétine. Plusieurs marques comme Tommee Tippee, Nuby ou Avent offrent ce genre de modèles qui sont de bons compagnons pour l'allaitement mixte. En effet, le bébé conserve la même manière de téter qu'au sein en raison de leur design et de leur texture. Pensez également à choisir des tétines avec des valves anti-coliques pour éviter que votre bébé n'avale de l'air.

Quelle matière choisir : verre ou plastique ? Aujourd'hui les biberons en plastique ne contiennent plus de bisphénol, mais si vous avez la fibre écolo, il est vrai que le verre reste la matière la plus neutre pour votre enfant. Mais attention à la casse quand bébé devient plus grand et se promène avec son biberon !

BOUTS DE SEIN

Aussi appelés « téterelles », ces morceaux de silicone s'appliquent comme une deuxième peau sur le mamelon. Quelques trous au bout permettent au lait de s'écouler. Les bouts de seins actuels laissent la peau de la maman en contact avec le nez de bébé pour entraver le moins possible l'allaitement.

Choisissez des bouts de sein dont la taille convienne à votre morphologie.

Les bouts de sein sont utilisés dans différents cas : lorsque les mamelons sont plats ou rétractés, pour faciliter l'allaitement du bébé prématuré et pour continuer à allaiter quand la douleur (des crevasses par exemple) est trop vive. Dans ce dernier cas, il est recommandé d'utiliser les bouts de sein le moins longtemps possible, car le bébé va s'habituer à téter ainsi et aura peut-être ensuite du mal à s'en passer.

Les bouts de sein peuvent en effet induire d'autres soucis comme la prise de poids trop faible du bébé ou une baisse de la lactation, car l'enfant ne tète pas de manière optimale.

Pour mettre correctement un bout de sein, retournez-le et appliquez-le en partant de la pointe du bout de votre téton puis faites-le glisser progressivement en chassant les bulles d'air. Vous pouvez éventuellement faire perler un peu de lait et l'étaler sur votre mamelon pour maximiser l'adhérence.

Lavez-les à l'eau savonneuse puis rincez-les à l'eau claire et laissez-les sécher à l'air libre, sur un égoutte-biberon par exemple et rangez-les dans leur boîte.

Vous pouvez acheter des bouts de sein en pharmacie ou dans les magasins spécialisés en puériculture.

Pas besoin d'acheter des bouts de sein comme matériel de base pour allaiter si votre sage-femme ne vous le conseille pas en raison d'un problème spécifique.

BUSTIER POUR TIRER SON LAIT

Voilà un accessoire bien pratique si vous avez besoin de tirer beaucoup et régulièrement votre lait. Il permet d'installer un tire-lait électrique double-pompage (voir page 58). Il maintient en effet les téterelles du tire-lait appliquées sur vos seins et vous laisse vos deux mains libres pour faire autre chose.

Ce système est très apprécié des mamans actives qui tirent leur lait sur leur lieu de travail et peuvent ainsi continuer à taper à l'ordinateur, à lire, ou à téléphoner, à condition que le tire-lait ne soit pas trop bruyant !

Un investissement non nécessaire au début de l'allaitement mais à considérer si vous souhaitez continuer à allaiter à la reprise du travail. Testez d'abord comment vous vous débrouillez et comment vous vous sentez face à un tire-lait. Certaines femmes supportent en effet moins bien le côté « traite » du tire-lait électrique double-pompage.

COLLIER D'ALLAITEMENT

Il s'agit d'un collier de perles colorées avec lequel le bébé peut s'amuser durant la tétée, ce qui évite qu'il se retourne sur d'autres choses ou lève la tête s'il a du mal à se concentrer. Pas nécessaire du tout, à voir selon l'attitude de votre bébé et facilement remplaçable par n'importe quel sautoir classique.

COMPRESSES RÉFRIGÉRANTES OU CHAUFFANTES

Il s'agit de compresses hydrogel ou de sachets remplis de gel. Appliquées sur les seins, elles soulagent les mamelons des douleurs dues aux crevasses ou à la stimulation intense du bout de sein lors de certaines tétées très longues. Leur action permet également de cicatriser plus rapidement.

Certaines compresses peuvent également être chauffées. Elles aident alors à stimuler la montée de lait et à décongestionner pendant la montée de lait par exemple.

Elles peuvent être agréables dans certains cas, mais en général leur efficacité se fait ressentir seulement sur quelques jours. À n'acheter que si nécessaire.

Le plus de la sage-femme

Petite astuce si vous avez besoin ponctuellement d'une compresse froide : quelques glaçons dans un sachet de congélation, le tout entouré d'une feuille de papier essuie-tout (pour éviter le contact direct sur la peau). À poser quelques instants sur la zone sensible.

Et pour une compresse chaude : un gant bien chaud, appliqué là où le sein est plus tendu ou sensible, tout simplement.

COQUILLAGES D'ALLAITEMENT

Comme leur nom l'indique, ce sont de vrais coquillages. Ils s'appliquent sur les mamelons dans le soutien-gorge pour permettre au surplus de lait de rester en contact avec la peau pour aider à la cicatrisation. La nacre du coquillage apporterait, selon les témoignages, une fraîcheur agréable.

Les coquillages doivent être nettoyés régulièrement à l'eau savonneuse et rincés à l'eau claire pour éviter la prolifération bactérienne.

Le plus de la sage-femme

Encore peu connu, ce système semble apporter beaucoup de satisfaction.

COQUILLES D'ALLAITEMENT

Les coquilles d'allaitement sont des coupelles en plastique que l'on installe dans le soutien-gorge. Elles recueillent le lait qui s'écoule de vos seins entre deux tétées ou sur un des seins quand le bébé boit de l'autre côté et évitent ainsi les fuites de lait.

Les coquilles sont utiles de manière temporaire et le lait ainsi recueilli doit être mis au frais dans la demi-heure qui suit pour que la prolifération bactérienne ne soit pas trop importante. Il est déconseillé de les porter toute la journée et la nuit, car en faisant pression sur le sein, elles peuvent sur-stimuler la lactation. De plus, le plastique peut être assez inconfortable et les coquilles sont très visibles sous les vêtements, difficile de sortir avec. Le haut de ces coquilles est souvent percé de quelques trous pour l'aération. Attention donc en vous penchant en avant...

L'achat des coquilles d'allaitement n'est pas préconisé d'emblée, à vous de voir si votre production de lait le nécessite.

COUPE D'ALLAITEMENT

Une coupelle reliée à un petit récipient ou à un biberon recueille votre lait exprimé manuellement comme une sorte d'entonnoir. Cela vous permet de ne pas transvaser le lait d'un récipient à un autre.

Exprimer son lait consiste à faire sortir le lait du sein par une pression des doigts : positionnez le pouce et le majeur de part et d'autre de l'aréole et pressez en les ramenant derrière le téton. Attention à ne pas faire glisser les doigts sur la peau, ils doivent rester à leur place initiale.

Il n'est pas aisé d'exprimer son lait de manière manuelle, aussi, mieux vaut attendre de voir si vous avez une sécrétion lactée suffisamment abondante et si vous trouvez facile d'exprimer votre lait à la main avant d'investir dans un tel objet.

COUSSIN D'ALLAITEMENT

Ce gros coussin en forme de traversin est rempli de billes en polystyrène ou de mousse à mémoire de formes. Il devient souvent le meilleur ami des femmes enceintes durant la grossesse, quand le ventre commence à peser lourd et qu'il est pénible de trouver une position confortable pour dormir. Ses formes épousent le ventre et le maintiennent dans la position que l'on souhaite.

À la naissance du bébé, le coussin d'allaitement vous aide à trouver plus facilement une position confortable pour allaiter. Il vous permet de caler votre bébé à hauteur de sein et de ne pas avoir à le porter à la force de vos bras, ce qui peut engendrer des douleurs dorsales. Prenez garde à ne pas vous pencher vers votre bébé et à bien vous adosser. Appliquez bien votre bébé contre votre corps, le coussin est présent simplement pour le maintenir et non pour le soutenir. Vous pouvez aussi avoir un coussin qui soutient l'enfant, comme cela vous avez moins d'effort de « portage » à faire et cela soulage les tensions dans vos épaules.

À choisir avec une housse amovible facilement lavable. N'oubliez pas de l'emporter à la maternité.

Le coussin d'allaitement apporte un vrai confort durant la grossesse et pendant l'allaitement, il serait dommage de vous en passer ! Demandez à votre sage-femme de vous expliquer son fonctionnement durant les cours de préparation à l'accouchement pour en faire le meilleur usage.

Le plus de la sage-femme

Le coussin de grossesse, souvent plus long (150-180 cm) que le coussin d'allaitement, pourra facilement faire double usage. Attention aux prix : les coussins bon marché sont rarement de bonne qualité (trop mous, trop durs, pas assez adaptables, etc.), mais un prix élevé n'est pas toujours gage de qualité non plus. N'attendez pas le neuvième mois pour l'acheter afin de profiter de son confort tout au long de la grossesse !

COUSSINETS D'ALLAITEMENT JETABLES

Ces ronds adhésifs ressemblent à des serviettes hygiéniques fines que l'on accrocherait dans le soutien-gorge. Ils sont indispensables ! Les coussinets d'allaitement jetables vont vous éviter d'avoir des fuites de lait, notamment durant la montée de lait ou la nuit.

Certaines femmes n'ont jamais de lait qui s'écoule de leurs seins hors des tétées, mais la majorité subit ces désagréments surtout au début de l'allaitement. Nous vous conseillons donc d'investir dans une boîte de coussinets jetables pour la maternité puis de racheter au fur et à mesure selon vos besoins en testant différentes marques. Ceux vendus en hypermarché sous les marques des enseignes sont parfois moins chers que ceux des fabricants de biberons et pourtant tout aussi efficaces. Si vous devez sortir pour un dîner ou travailler, certains modèles très fins et très absorbants, mais un peu plus chers que les autres, sont bluffants.

Changez les coussinets dès que vous avez une sensation d'humidité et avant de vous coucher pour la nuit. La macération peut en effet engendrer des irritations.

Le plus de la sage-femme

Certains coussinets jetables sont doublés d'une feuille plastique pour éviter les auréoles sur les vêtements. C'est très pratique, mais peut-être à ne pas utiliser tout le temps pour laisser la peau respirer.

COUSSINETS D'ALLAITEMENT LAVABLES

Voilà une très bonne alternative aux coussinets jetables si vous avez la fibre écolo. Ces coussinets en coton ou molleton (souvent bio) absorbent l'excédent de lait. Ils sont très confortables et plus doux à porter que les coussinets jetables. Le revers de la médaille est qu'ils sont moins absorbants et qu'il faut donc les changer plus souvent. Ils peuvent être un peu justes pour les nuits notamment.

Le plus de la sage-femme

Prévoir plusieurs paires de rechange, le temps de laver et sécher ceux que vous venez d'utiliser. Ou bien à utiliser en alternance avec les coussinets jetables.

COUSSINETS D'ALLAITEMENT EN SILICONE

Ils ont le même rôle que leurs cousins jetables et lavables, mais ils sont encore plus discrets. Leur bémol : ils ont une durée de vie limitée pour un prix assez élevé.

DAL

Le dispositif d'aide à la lactation ou dispositif auxiliaire de lactation appelé couramment DAL est un système visant à aider certaines femmes qui ont des difficultés à allaiter un bébé trop faible pour téter vigoureusement. Un petit tuyau relié à un réservoir de lait (maternel ou artificiel) accroché au cou ou à l'épaule de la maman permet au bébé de prendre un complément de lait tout en buvant directement au sein. Le sein est ainsi stimulé et le bébé n'a pas besoin de complément au biberon, préservant ainsi sa bonne succion.

Voilà un système qui est peu utilisé mais peut sauver des allaitements.

Le plus de la sage-femme

Le DAL peut aussi être un dispositif pour donner du lait de complément à un enfant, sans utiliser de biberon (et éviter de créer une confusion sein-tétine) : le petit tuyau est alors posé le long du petit doigt de sa mère ou de son père, et l'enfant tête le petit doigt tout en recevant du lait.

CHAUFFE-BIBERON

Il peut être utile si vous donnez du lait maternel au biberon à votre bébé, mais il existe d'autres moyens plus économiques de faire réchauffer le lait qui a été stocké au réfrigérateur ou au congélateur. Pas une priorité donc.

Le plus de la sage-femme

Attention à ne jamais trop chauffer le lait maternel, au risque de détruire les bons acides gras omégas 3. Il faudrait juste tiédir le lait en laissant par exemple le biberon tremper quelques minutes dans l'eau chaude.

CRÈME À LA LANOLINE

La crème à la lanoline est un très bon moyen de prévenir les échauffements des bouts de sein après une longue tétée par exemple. Vous pouvez vous contenter d'étaler une goutte de lait gras à la fin de la tétée, mais la crème à la lanoline apporte également un réconfort en léger massage. Choisissez une crème à la lanoline purifiée (Lansinoh, Purelan, Dodie) et appliquez-la dès les premières sensations désagréables de picotement ou d'irritation après chaque tétée. Ces crèmes sont souvent assez coûteuses, mais il suffit d'en mettre une très petite quantité pour que la peau l'absorbe très vite.

À mettre dans votre sac pour la maternité.

ÉCHARPE OU PORTE-BÉBÉ

L'écharpe ou le porte-bébé physiologique sont de bons moyens pour porter son bébé tout en restant libre de ses mains. Certaines mamans très habiles arrivent même à allaiter leur bébé pendant qu'il est porté. C'est un très bon complément, voire une alternative à la poussette qui convient très bien au mode de fonctionnement d'un couple maman-bébé allaité.

HUILE DE MASSAGE

Une huile de massage pourra vous êtes très utile lors de la montée de lait. En massant vos seins en rond autour de l'aréole, vous décongestionnerez la zone.

Choisissez une huile végétale neutre ou une huile spéciale pour l'allaitement (par exemple Weleda), et massez le sein en évitant l'aréole et le bout du sein, là où tête votre enfant.

LAIT ARTIFICIEL

Les puristes vous diront que rien ne sert d'avoir du lait artificiel dans vos placards et qu'en avoir, c'est avoir la tentation de s'en servir. C'est vrai, mais le lait artificiel peut vous rendre un sacré service si nécessaire. Il peut également rassurer certaines qui ont tendance à s'inquiéter. Le savoir à proximité sans avoir besoin de s'en servir peut calmer les angoisses. Optez pour une petite boîte de lait hypoallergénique « HA » premier âge. Si vous ne l'avez pas utilisée, vous pourrez en faire don à la banque alimentaire.

Une fois la boîte ouverte, le lait en poudre va se conserver 2 à 3 semaines. Pour améliorer sa conservation, pensez à bien refermer le couvercle après utilisation et vous pouvez aussi le ranger au frigo s'il fait chaud.

PASTILLES DE STÉRILISATION

Ces pastilles que vous trouverez en pharmacie sont utilisées pour stériliser le matériel à froid. Elles sont plus économiques que d'investir dans un stérilisateur et dépannent ponctuellement si besoin mais, nous vous le rappelons, il n'y a pas lieu de stériliser les biberons ou le tire-lait si votre enfant est en bonne santé.

La solution de stérilisation doit être remplacée toutes les 24 h. Ces pastilles dégagent une forte odeur de « propre » (comme celle de la piscine) qui ne convient pas forcément à tout le monde.

POT DE CONSERVATION/CONGÉLATION

Les pots de conservation peuvent également être utilisés pour la congélation de votre lait tiré. Ils ont l'avantage par rapport aux sachets de congélation (voir ci-dessous) de pouvoir être réutilisés.

SACHETS DE CONGÉLATION

Vendus pré-stérilisés, ils vous permettent de stocker votre lait au congélateur ou au réfrigérateur dans les meilleures conditions et en prenant le moins de place possible. Ils sont très utiles lorsque l'on reprend le travail. Le format les rend très facilement transportables et ils peuvent être transmis facilement aux crèches et aux assistantes maternelles.

Important : pensez à noter dessus la date à laquelle vous avez tiré votre lait, le nombre de millilitres tirés et le prénom de votre enfant si le lait doit être donné à l'extérieur.

STÉRILISATEUR

Le stérilisateur n'est plus recommandé pour les bébés allaités au biberon et donc encore moins pour les bébés allaités au sein. Les biberons et le matériel utilisé pour tirer son lait, s'ils sont bien nettoyés à l'eau savonneuse, rincés à l'eau claire, séchés à l'air libre puis stockés dans des endroits propres sont suffisamment propres pour être utilisés pour un bébé en bonne santé né à terme. Pour les prématurés, la stérilisation peut être recommandée les premiers mois. Si vous donnez votre lait au lactarium, on vous demandera également de stériliser votre matériel.

Éventuellement, vous pouvez stériliser de temps en temps votre matériel à l'eau ou avec une pastille de stérilisation (voir ci-contre), mais cela n'est pas une nécessité.

Si vous préférez quand même stériliser, il existe également des stérilisateurs à utiliser avec le micro-ondes. Petits, rapides et assez pratiques.

SUCETTE POUR BÉBÉ (TÉTINE)

Il est plutôt déconseillé de donner une sucette d'apaisement à un bébé allaité. On considère en effet que le bébé peut satisfaire son besoin de succion au sein. Le danger est également d'entraîner une confusion sein-tétine ou que la sécrétion lactée de la maman pâtisse de la succion reportée sur la tétine. Il faut donc avoir bien en tête ces possibilités avant de donner une sucette à votre bébé.

Seulement dans les faits, il est aussi évident que certains bébés ont un très fort besoin de succion qui n'est pas en rapport avec leur alimentation. Téter les rassure et leur procure un bien-être. Souvent ces bébés recrachent d'ailleurs le lait en même temps qu'ils boivent, car ils sont repus. Ces tétées très longues peuvent générer des irritations des bouts de sein et des crevasses. Vous pouvez lui donner votre doigt à téter, mais de façon transitoire. Essayez de retarder au maximum le moment de lui proposer la sucette, mais si la prise de poids est bonne et si l'enfant semble apprécier, la tétine peut être une solution. Il faudra ensuite trouver comment vous en débarrasser mais là, c'est une autre histoire !

Le plus de la sage-femme

Les enfants ayant un très fort besoin de succion sont souvent bien améliorés après une séance d'ostéopathie, en particulier si l'accouchement a été très rapide ou très long, ou bien avec des forceps. Demandez conseil à votre médecin ou sage-femme.

TÉTERELLE

Voir « bouts de sein » page 48.

TIRE-LAIT

Un tire-lait est un système qui vous permet d'exprimer le lait de vos seins. Une téterelle appliquée sur vos seins et un système de pompage vont permettre de recréer artificiellement une succion. Le lait extrait va ensuite dans un récipient relié par un tube à la téterelle.

Il en existe différentes sortes :

- **tire-lait manuel :** vous actionnez vous-même manuellement une pompe.
- **tire-lait électrique :** un moteur actionne le pompage. Vous avez juste à appliquer la téterelle sur votre sein.
- **tire-lait électrique double-pompage** – Ces modèles à double téterelle permettent de tirer le lait des deux seins en même temps ce qui offre un gain de temps considérable.

Si vous souhaitez tirer votre lait de manière très occasionnelle, un tire-lait manuel fera l'affaire. Si votre mode de vie inclut au moins un tirage quotidien, il vaut mieux vous orienter vers un tire-lait électrique, et si le côté « traite » ne vous fait pas peur, optez pour un modèle double-pompage. Sachez que la location d'un tire-lait en pharmacie est remboursée par la Sécurité sociale.

Le plus de la sage-femme

En effet, la CPAM rembourse la location d'un tire-lait électrique à hauteur de 12,07 euros par semaine (tarifs 2014). Il suffit de demander une ordonnance à votre médecin ou sage-femme. Par contre, comparez bien les différentes offres (pharmacie, internet), car les tire-lait à double pompage sont parfois loués plus chers, autour de 25 euros par semaine.

TISANE D'ALLAITEMENT

Il existe une multitude de mélanges pour l'allaitement. Bien souvent, les tisanes d'allaitement sont à base de fenouil, de fenugrec, d'anis ou de badiane pour booster la lactation. Les pouvoirs galactogènes de ces plantes n'ont pas été prouvés scientifiquement et il semble que les aliments galactogènes diffèrent selon les femmes. La sauge, en revanche, peut être utilisée en cas de production trop importante pour calmer le jeu.

Il s'agit d'une bonne alternative au thé et le goût des mélanges est en général agréable.

VÊTEMENTS D'ALLAITEMENT

- **Soutien-gorge :** voilà l'achat dont il est compliqué de se passer. Différents modèles d'attaches vous permettent de libérer le sein d'une main pendant que vous tenez votre bébé de l'autre. Investissez dans deux soutiens-gorge au minimum, ainsi quand vous portez l'un, vous pouvez laver l'autre. Il est nécessaire d'avoir un soutien-gorge à votre taille à larges bretelles qui soutient bien votre poitrine et qui ne vous serre pas au niveau de l'élastique. Un soutien-gorge mal adapté peut entraîner des complications de votre allaitement. De plus, un bon maintien vous aide à garder une poitrine aussi jolie que possible maintenant et pour le futur. Désormais, on trouve de très jolis soutiens-gorge qui n'ont rien à envier à la lingerie classique. Il est possible d'être mère nourricière et femme en même temps, pourquoi s'en priver ?
- **Pyjama ou chemise de nuit d'allaitement :** ces vêtements proposent une ouverture spéciale sous la poitrine ou sur le côté des seins. Ils

peuvent être bien pratiques à la maternité notamment. Ils sont bien utiles pour sortir le sein sans ouvrir les yeux lors des tétées nocturnes.

- **Robe, top, pull d'allaitement :** il est tout à fait possible de ne pas investir dans ces vêtements durant l'allaitement en portant plusieurs couches de vêtements pour allaiter facilement et discrètement. Les « hauts » d'allaitement sont tout de même très utiles. Ils permettent de sortir le sein et d'allaiter son bébé en toute discrétion. Il existe désormais des vêtements pour allaiter dans toutes les gammes de prix et de style. Certains sont également portables durant la grossesse.

Si vous êtes amatrice de robes ou si vous avez une occasion particulière comme un mariage, l'investissement peut être fort utile, car une robe classique peut vous donner du fil à retordre pour allaiter facilement. Si votre bébé réclame durant la cérémonie, il est plus aisé de dégager discrètement son sein dans une robe d'allaitement que de sortir pour dézipper dans le dos une robe classique, par exemple.

Le plus de la sage-femme

Si vous ne vous sentez pas à l'aise à l'idée d'allaiter en public, il y a aussi des « capes d'allaitement », ce sont de grands foulards très légers qui couvrent votre sein et votre enfant en train de téter.

→ Le matériel dont VOUS avez besoin

(cochez sur cette liste ce qui vous semble utile selon votre mode de vie)

- ❑ Alcootest pour lait maternel
- ❑ Bague ou bracelet d'allaitement
- ❑ Biberon
- ❑ Bouts de sein
- ❑ Bustier pour tirer son lait
- ❑ Compresses réfrigérantes/chauffantes

- ❑ Coquillages d'allaitement
- ❑ Coupes ou coquilles d'allaitement
- ❑ Coussin d'allaitement/de grossesse
- ❑ Coussinets d'allaitement jetables
- ❑ Coussinets d'allaitement lavables
- ❑ Coussinets d'allaitement en silicone
- ❑ DAL
- ❑ Chauffe-biberon
- ❑ Crème à la lanoline
- ❑ Écharpe ou porte-bébé
- ❑ Huile de massage
- ❑ Lait artificiel
- ❑ Pastilles de stérilisation
- ❑ Pots de conservation/congélation
- ❑ Sachets de congélation
- ❑ Stérilisateur
- ❑ Sucette pour bébé (tétine)
- ❑ Tire-lait
- ❑ Tisane d'allaitement
- ❑ Pyjama ou chemise de nuit d'allaitement
- ❑ Robe, top, pull d'allaitement
- ❑ Soutien-gorge d'allaitement

acte 3

Bien continuer son allaitement

Ouverture

Après quatre à six semaines, votre allaitement est bien lancé. Il semble même que vous puissiez observer un semblant de rythme dans les tétées de votre bébé. Si tel n'est pas le cas, pas d'angoisse, au fil du temps, quatre à cinq tétées principales vont se dessiner dans la journée, parfois complétées par quelques tétées supplémentaires si besoin. Vous arrivez dans la partie la plus facile de l'allaitement.

Vos seins sont moins tendus, mais cela ne veut pas dire qu'ils produisent moins de lait, cela signifie juste que votre lactation est bien en place. Vous avez moins de fuites de lait et consommez moins de coussinets, cela souligne également que votre corps a intégré le rythme. Votre bébé tète comme un champion, vous arrivez à allaiter en dégrafant votre soutien-gorge d'une seule main.

Bref, vous êtes rodée/rodés !

SCÈNE 1
Tirer et conserver son lait

C'est maintenant que vous allez pouvoir profiter pleinement du côté archi-pratique de l'allaitement. Si vous avez envie de sortir au débotté pour une promenade, pas de souci : de quoi changer votre bébé dans un sac et c'est bon ! Vous pouvez par exemple profiter d'une soirée entre amis qui s'éternise un peu sans avoir à stresser parce que vous n'auriez pas pris une dose de lait supplémentaire. Alors, tirer votre lait, pour quoi faire ?

TIRER SON LAIT

On peut passer un allaitement entier sans tirer son lait, mais le tire-lait (voir page 58) peut être une solution très pratique dans de nombreuses situations :

- Vous avez besoin de dormir une nuit complète.
- Vous avez un rendez-vous auquel vous ne pouvez pas vous rendre avec votre bébé.
- Vous avez envie de sortir sans votre bébé (oui, cela arrive à des femmes très bien et cela ne fait pas de vous une mère indigne).
- Vous avez besoin de donner votre lait d'une autre manière momentanément si vos mamelons sont douloureux.
- Vous voulez donner au lactarium (voir page 128).
- Vous devez être séparée de votre enfant mais voulez continuer à allaiter.
- Vous voulez stocker du lait en prévision de la reprise du travail.
- Vous reprenez le travail et avez besoin de stimuler votre lactation et de recueillir votre lait sur votre lieu de travail.

Si vous n'avez pas d'impératif, mieux vaut attendre au moins quatre semaines après la naissance pour commencer à tirer votre lait. Rien ne vaut en effet la succion du bébé et même si vous tirez de manière efficace, la stimulation du tire-lait n'est pas aussi bonne que celle de votre bébé. De plus, il est conseillé d'attendre six semaines pour donner un biberon afin d'éviter une confusion sein-tétine (voir page 71) qui viendrait mettre votre allaitement en danger. Si vous devez faire boire votre bébé autrement qu'au sein avant ce cap des six semaines, préférez lui donner à la seringue (sans aiguille !), à la cuillère ou à la paille.

Un peu plus technique : on peut aussi donner avec le DAL (voir page 54) et si le tuyau est placé le long du petit doigt plutôt que sur le sein, même le papa peut « donner la tétée ».

Les femmes ne sont pas toutes égales devant un tire-lait. La pression ressentie par certaines face à ce récipient qu'il « faut » remplir peut être paralysante. D'autres mamans se sentent comparées à une vache laitière quand vient le moment de faire face à l'engin (particulièrement s'il est électrique à double-pompage). Certaines vont remplir des biberons à ne plus savoir qu'en faire (pensez alors aux lactariums) pendant que d'autres tireront avec peine seulement quelques millilitres.

La première chose à faire est d'avoir confiance en vous, comme pour tout ce qui concerne l'allaitement et se donner l'opportunité de faire les choses dans le calme, sans pression.

Nous vous proposons ici un petit protocole avec quelques repères à adapter à votre situation.

- **Préparez le matériel dont vous aurez besoin.** Il n'est pas nécessaire de stériliser le tire-lait à chaque utilisation, mais stérilisez-le avant la première utilisation, car on ne sait pas forcément comment il a été conditionné... Un lavage soigneux entre chaque utilisation est suffisant.
- **Lavez-vous soigneusement les mains** au savon.
- **Installez-vous confortablement dans une pièce au calme,** sans risque d'être dérangée.
- **Suivez le mode d'emploi de votre tire-lait** pour son installation.
- **Appliquez la téterelle fermement** en chassant l'air entre elle et votre peau.

- **Essayez ensuite, non pas d'aspirer votre lait** mais d'appuyer largement avec la téterelle du tire-lait sur votre aréole pour stimuler les glandes lactifères. Votre téton va se déformer et s'allonger dans la téterelle comme il le fait dans la bouche de votre enfant et la pression va permettre au lait de jaillir puis d'être recueilli dans le récipient.

L'action de tirer son lait ne doit pas être douloureuse. Si c'est un tire-lait électrique, commencez en réglant sur l'aspiration la plus faible pendant quelques minutes, puis augmentez la force petit à petit en fonction de ce que vous ressentez. Le téton ne doit pas frotter contre la téterelle (choisir une téterelle de taille adaptée à votre sein !). C'est parfois un peu inconfortable, même si les téterelles actuelles en silicone font un excellent travail.

Étalez une goutte de lait ou un peu de crème à la lanoline à la fin de la séance.

Cependant, il n'est pas du tout évident de s'abandonner au tire-lait et de réussir du premier coup. Si vous avez essayé de tirer votre lait et que vous n'avez pas réussi ou que vous n'êtes pas satisfaite du résultat, recommencez en utilisant ces petites astuces :

- **Faites une tentative le matin au réveil,** quand vos seins sont bien pleins.
- **Acceptez que les premiers essais de tire-lait** soient souvent peu productifs : il faut que le sein s'habitue à cette stimulation différente.
- **Buvez deux grands verres d'eau** avant de commencer.
- **Regardez votre bébé** et laissez-vous envahir par les sentiments qu'il vous inspire pour faciliter la montée de lait.
- **Si votre bébé n'est pas à vos côtés,** regardez une photo ou respirez un body qu'il aura porté.
- **Ne regardez pas ce qui coule de vos seins** et laissez votre esprit vagabonder. Pourquoi ne pas prendre un livre ou regarder un film ?
- **Profitez d'une tétée pour tirer de l'autre côté.** Un peu acrobatique mais le fait qu'un sein soit stimulé va déclencher le réflexe d'éjection de l'autre côté.

Quel est le meilleur moment pour tirer son lait ? À vous de voir selon votre organisation quel est le meilleur moment. Le matin, vos seins sont plus pleins et le lait vient plus facilement. Vous pouvez aussi tirer le soir avant d'aller vous coucher si vous avez peur que votre bébé demande dans la journée et trouve sa ration un peu juste.

Vous pouvez tirer toute une journée sur le sein auquel votre enfant a bu un peu après chaque tétée pour avoir un biberon complet. Vous pouvez également tirer sur le sein que votre bébé n'a pas bu et remplir un biberon en une seule fois.

Certaines femmes créent une tétée supplémentaire en tirant tous les jours vers la même heure pour pouvoir produire du stock facilement.

CONSERVER SON LAIT

Dans sa brochure « Le guide de l'allaitement maternel » disponible sur www.inpes.sante.fr, l'INPES (Institut National de Prévention et d'Éducation pour la Santé) préconise de conserver le lait :

- 4 heures maximum à température ambiante (20-25 °C) – C'est-à-dire 4 heures entre le début du recueil et la fin de la prise du lait par le bébé.
- 48 heures maximum au réfrigérateur à une température inférieure ou égale à 4 °C. À contrôler avec un thermomètre.
- 4 mois au congélateur à une température de –18 °C. Le lait sorti du congélateur doit être consommé dans les 24 heures qui suivent et ne doit pas être recongelé.

Attention, ces temps de conservation ne sont pas cumulables.

Le Leche League propose des temps de conservation supérieurs qui ont fait leur preuve au quotidien. Vous pouvez consulter le mémo sur les temps de conservation en ligne et suivre ces recommandations : www.lllfrance.org (saisissez « conservation du lait » dans l'outil de recherche).

Si vous devez transporter (moins de 2 heures) votre lait, utilisez une petite glacière garnie de pains de congélation et n'ouvrez pas le sac durant le transport.

Vous pouvez stocker le lait dans n'importe quel récipient en plastique ou en verre soigneusement nettoyé, qui ferme hermétiquement en ne les remplissant pas jusqu'en haut pour éviter qu'ils n'explosent si vous les congelez. Les sachets stériles de conservation sont une option très pratique qui utilise peu de place dans votre congélateur.

Notez systématiquement le jour où vous avez tiré votre lait sur le récipient ainsi que la quantité tirée et le nom de votre enfant s'il est gardé avec d'autres enfants.

Vous pouvez certes conserver votre lait quatre mois, mais le lait que vous avez tiré quand votre bébé avait 3 mois ne sera peut-être plus adapté quand il aura 6 mois et il pourra réclamer plus facilement ensuite.

Pour décongeler du lait maternel congelé, l'idéal est de le laisser décongeler la nuit au réfrigérateur et de le consommer ensuite dans la journée, ou inversement.

Le lait maternel peut être réchauffé au chauffe-biberon sur la puissance minimum, dans un récipient rempli d'eau chaude ou sous l'eau chaude du robinet. L'usage du four à micro-ondes ou le réchauffage du lait directement à la casserole sont déconseillés car ils lui font perdre ses omégas 3.

Important à savoir : quand on tire le lait de fin de tétée, il est presque « jaune » car chargé en bons acides gras. Au frigo ou au congélateur, ces acides gras vont remonter à la surface et se solidifier (un peu comme dans le pot-au-feu). Il ne faudrait pas croire que le lait a « tourné » et qu'il n'est plus bon. Il suffira simplement de re-mélanger cette matière grasse une fois le lait légèrement tiédi, avant de la donner à téter.

SCÈNE 2
Maintenir sa lactation

Pour maintenir une bonne lactation, rien de tel que de rester près de son bébé au maximum, de le câliner, de le laisser téter autant qu'il veut (sous réserve qu'il tête activement, mais ne le laissez pas « tétouiller » des heures s'il ne fait que suçoter le sein sans vraiment boire), de se reposer et d'avoir un mode de vie équilibré. Cependant, pour maintenir votre lactation, voici d'autres conseils qui pourraient vous être utiles.

Et tant que vous n'êtes pas encore parfaitement en confiance avec votre allaitement, écartez les personnes négatives, décourageantes, bref toxiques. N'hésitez pas à proposer les deux seins à chaque tétée pour voir si le bébé tête de bon cœur ou s'il a eu assez avec le premier.

Côté pratique...

Si jamais vous devez vous absenter, vous pouvez laisser un biberon de lait maternel ou artificiel à donner à votre bébé. Si votre bébé a moins de 6 semaines, essayez de lui faire administrer le lait à la pipette (ou seringue), à la cuillère ou à la tasse. Plus vous pouvez retarder le moment de donner un biberon à votre enfant, moins vous risquez de vous retrouver face à une confusion sein-tétine (voir page 71).

Mais si ce n'est pas faisable, pas de panique. Donnez ou faites donner le biberon, et observez bien comment se passe la tétée suivante. Certains enfants s'accommodent très bien des deux.

Si votre enfant a plus de 5-6 mois, la tétée peut alors être remplacée par un produit laitier donné à la cuillère (yaourt, petit suisse...).

Si vous devez vous absenter et sauter une tétée, essayez de tirer votre lait à l'heure où votre enfant l'aurait demandé.

Quand vous retrouvez votre bébé, laissez-le alors téter au maximum.

Des produits galactogènes ?

On vend dans le commerce toutes sortes de produits galactogènes ou de compléments pour aider les femmes allaitantes. Si votre alimentation est équilibrée, l'allaitement ne va pas puiser dans vos ressources, les compléments ne sont donc pas nécessaires à moins que vous ne souffriez d'une carence en particulier. La personne chargée de votre suivi sera à même de vous prescrire une prise de sang et le supplément adéquat si besoin.

Certains médicaments sont parfois détournés pour aider une femme à stimuler sa lactation. Nous vous invitons à prendre conseil auprès de votre médecin, de votre sage-femme, de votre consultante en lactation ou de votre pharmacien avant de prendre un tel traitement.

En ce qui concerne les aliments galactogènes, ceux qui ont pour réputation de stimuler la production de lait, il est étonnant de constater qu'aucune étude scientifique n'a été faite sur le sujet (sauf sur le malt, mais l'étude n'a pas été vérifiée). On ne sait donc pas scientifiquement quels sont les aliments galactogènes. On constate cependant que, dans toutes les cultures et dans toutes les familles, il y a des aliments considérés comme galactogènes. Citons par exemple : le malt, la levure de bière, le fenugrec, le fenouil...

L'effet de ces aliments est très variable selon les femmes : évident pour certaines et totalement inefficaces pour d'autres...

En revanche, on déconseille la consommation de certaines plantes comme la menthe, le persil, la sauge ou le soja qui feraient baisser la production de lait.

SCÈNE 3
L'allaitement mixte (confusion sein-tétine)

Un allaitement mixte signifie que l'on allaite au sein et que l'on donne aussi des biberons. La proportion de lait maternel et de lait artificiel peut différer selon les cas. Il peut s'agir d'un biberon par jour, moitié-moitié ou plus. Il y a autant d'allaitements mixtes que de couples maman-bébé (et papa !) qui s'y adonnent.

S'il a un côté séduisant, l'allaitement mixte présente quelques risques et inconvénients à envisager, à commencer par la confusion sein-tétine.

Votre enfant, habitué au sein, a une manière de le téter particulière et il y met beaucoup d'énergie. Face à un biberon, la succion est très différente et le lait descend beaucoup plus facilement que lorsque votre bébé tète au sein. Certains bébés passent du sein au biberon sans aucun souci, d'autres refusent le biberon ou se mettent à refuser le sein après quelques biberons.

Votre enfant peut aisément être bien plus intéressé par le biberon qui lui offre une solution de facilité que par votre sein qui lui demande des efforts. Il peut aussi oublier comment téter le sein après avoir essayé le biberon, et une seule fois suffit même si c'est une situation assez rare.

Pour limiter ce risque de confusion sein-tétine, investissez dans des biberons dont la tétine est proche au niveau forme et texture du sein maternel ; c'est-à-dire bien large avec le bout de la tétine assez long. Choisissez des tétines à débit lent pour que l'effort soit le plus proche possible de celui du sein et serrez assez la bague de la tétine pour qu'il y ait un vrai effort de succion pour faire sortir le lait.

En bref, l'allaitement mixte peut être un bon moyen pour allaiter longtemps, mais il risque de conduire au sevrage prématuré en perturbant également la lactation. Introduire des biberons de manière régulière, c'est diminuer les tétées. C'est envoyer le message au corps qu'il n'a plus besoin de tant produire, donc il produira moins de lait. Il y a le risque que le bébé tète moins au sein, car c'est plus difficile qu'au biberon et donc que le corps produise encore moins. Cela devient un cercle vicieux.

Avec l'allaitement mixte, vous pouvez certes déléguer certaines tétées, mais vous allez cumuler aussi les inconvénients engendrés par le biberon : le temps de préparation, la nécessité parfois de réchauffer le lait, le lavage des biberons, le prix du lait et de l'eau en bouteille...

Si vous souhaitez allaiter en mixte, attendez de préférence que votre enfant ait 4 à 6 semaines, car la confusion sein-tétine diminue même si elle reste un risque. Choisissez un lait hypoallergénique pour prendre le relais en douceur.

Si vous allaitez en mixte et que vous souhaitez reprendre un allaitement exclusif, même si cela est compliqué, même si cela prend du temps et de l'énergie, vous pourrez sûrement y arriver (voir relactation page 157).

Les laits artificiels

Le lait artificiel est également appelé lait infantile. Il est à base de lait de vache ou de soja. C'est le substitut au lait maternel le plus adapté aux bébés.

Le lait est composé de protéines de lait de vaches modifiées pour les faire ressembler à celles du lait maternel, de glucides, de matières grasses, de vitamines et de minéraux.

Le lait artificiel est présenté en poudre. Il faut ajouter de l'eau en bouteille (vérifiez sur l'étiquette que l'eau est propre à la préparation des biberons). La dilution est une dose rase de lait pour 30 ml d'eau. On peut proposer le lait chaud, tiède ou à température ambiante. Il est déconseillé d'utiliser le four à micro-ondes pour chauffer l'eau en raison du risque de brûlures, car l'eau n'est pas chauffée uniformément.

Il existe des laits artificiels adaptés à différents petits maux : lait AR (anti-régurgitations), lait spécial transit (pour les bébés constipés), lait sans lactose (lors des diarrhées)...

En relais de l'allaitement, il est conseillé de prendre un lait hypoallergénique (HA). Normalement, le lait HA est conseillé uniquement pendant le temps de l'allaitement mixte ou si le risque d'allergie est important (antécédents d'allergie, asthme, eczéma chez les deux parents par exemple). Sinon, pour commencer un sevrage total, le lait 1er âge devrait suffire.

De 0 à 6 mois, le lait 1er âge est indiqué. De 6 mois à 1 an, il faut alors passer au lait 2e âge. Puis c'est le lait de croissance qui est indiqué jusqu'à 3 ans. Si vous choisissez de ne pas utiliser du lait de croissance, il est conseillé de prendre du lait entier. En revanche, ne vous fiez pas aux laits ou jus végétaux à base de soja, d'amandes, noisettes et autres qui ne contiennent ni le calcium ni les vitamines nécessaires au bon développement de votre enfant.

SCÈNE 4
La diversification alimentaire

En France, le début de la diversification alimentaire est à l'heure actuelle préconisée autour des 5 mois. Il semble que ce soit le meilleur âge, ni trop tôt, ni trop tard, pour limiter les allergies. Cependant l'OMS préconise un allaitement exclusif jusqu'à l'âge de 6 mois. Les recommandations que l'on peut lire ici et là mentionnent la plupart du temps la prise du biberon, mais ne font pas cas des bébés toujours allaités à l'âge de la diversification.

La diversfication alimentaire se déroule exactement de la même manière que votre enfant soit allaité exclusivement, en mixte ou au biberon.

En suivant les recommandations de votre pédiatre, vous introduisez progressivement des fruits, des légumes, des protéines et des laitages dans l'alimentation de votre bébé. Vous commencez par une cuillère puis augmentez les doses au fil du temps. Il vous suffit de continuer à allaiter votre bébé comme vous l'avez toujours fait. Là, vous commencerez le repas avec les purées ou les compotes et vous compléterez avec le sein. Cela permettra à votre enfant d'avoir l'envie et l'appétit pour se régaler de nouvelles saveurs (qu'il a peut-être déjà découvertes via votre lait d'ailleurs). Le lait reste la base de son alimentation et jusqu'à 1 an, il doit en consommer l'équivalent de 500 ml (un demi-litre) par jour. Évidemment, quand on allaite directement, la quantité n'est pas parlante, mais c'est un bon repère si vous tirez votre lait. Les aliments que vous lui proposez en plus de ce lait sont surtout destinés à éveiller son palais, à satisfaire sa curiosité et à l'amener tranquillement à évoluer vers une alimentation moins centrée sur le lait.

Certaines mamans accompagnent la diversification alimentaire avec des laitages fabriqués à base de leur propre lait. Plutôt surprenant mais pourquoi pas !

S'absenter quelques jours et continuer à allaiter

La vie fait que vous avez à vous absenter quelques jours, mais vous souhaitez cependant continuer à allaiter votre enfant. Évidemment, plus vous repoussez cette première séparation longue, mieux votre allaitement est mis en place ; et plus elle est courte, moins elle viendra le menacer.

Partez du principe que votre tire-lait ne va pas vous quitter durant cette séparation. Vous allez en effet tirer votre lait autant de fois que votre bébé vous réclame le sein habituellement. Vous sentirez d'ailleurs peut-être des montées de lait à l'heure où votre enfant tète. Si vous avez la possibilité de transporter et de stocker le lait dans de bonnes conditions (voir page 68), vous pourrez ainsi constituer un petit stock pour le futur.

En quittant votre bébé, expliquez-lui la situation en utilisant des mots d'adultes et laissez-lui un doudou ou un tee-shirt coloré que vous aurez porté contre votre poitrine pendant au moins une journée ou une nuit. Essuyez éventuellement quelques gouttes de lait avec. Cela lui permettra d'avoir votre odeur près de lui.

À votre retour, donnez le sein dès que possible et proposez à téter à votre bébé de manière répétée pour relancer la lactation au mieux.

Conseils de la vie courante

- **En cas de forte chaleur voire de canicule,** proposez très fréquemment le sein à votre bébé. Pas besoin de lui donner forcément de l'eau si vous l'allaitez, votre lait sera suffisant pour l'hydrater.
- **Si votre bébé est malade, si vous êtes malade,** continuez à allaiter, c'est ce que vous pouvez faire de mieux.
- **Le lait est un très bon traitement d'appoint** pour les nez bouchés et les conjonctivites de votre bébé (voir page 151).
- **Si vous vous demandez si votre bébé a faim, si vous vous demandez s'il a besoin d'un câlin, si vous ne comprenez pas pourquoi il pleure, proposez-lui le sein.** Même si cela vous paraît trop ou trop souvent, proposer le sein n'est jamais une erreur.
- **Tant que votre bébé est allaité à 100 %,** administrez-lui de la Vitamine K (une fois par semaine). Il s'agit de prévenir certaines maladies hémorragiques rares.
- **Les bébés ont parfois un sein préféré.** Peut-être que le lait sort mieux ou qu'il est plus confortable d'un côté. Continuez à lui proposer les deux seins et parlez-en à votre sage-femme ou consultante en lactation. Une visite chez l'ostéopathe pourra peut-être aussi donner une explication à cette préférence (voir le témoignage de Roxane, page 185).
- **Vos seins présentent peut-être des veines très bleues et très marquées.** Ne vous inquiétez pas de cette apparence inhabituelle, la peau de vos seins retrouvera plus tard sa teinte habituelle.
- **Pour allaiter, vous n'avez pas besoin d'être les yeux dans les yeux avec votre bébé systématiquement.** Oui, c'est un moment de plaisir et d'échange, mais cela peut parfois être pesant. Accordez-vous durant certaines tétées, une pause lecture, télé ou autre. Et sans culpabiliser ! Privilégiez les tétées du matin ou du soir qui sont plus câlines, par exemple.

Notes

acte 4

Les bobos et autres soucis

Ouverture

Allaiter, c'est une aventure merveilleuse, mais c'est aussi un chemin semé d'embûches de natures aussi variées que pénibles. Bobos, douleurs, inquiétudes, en général, tout peut se régler. Il suffit bien souvent d'être à l'écoute de votre corps et de votre bébé pour voir ce qui ne va pas et pour chercher des solutions à mettre en place.
Les allaitements qui se passent sans aucun souci sont rares (mais restons optimistes, ils existent !).
Ne vous étonnez pas si vous croisez l'une de ces galères sur votre route, c'est tout ce qu'il y a de plus classique, cela fait partie de l'aventure !

SCÈNE 1
Savoir réagir

Vous trouverez peut-être seule les solutions à ces différents problèmes en appliquant les conseils que nous donnons mais surtout, n'attendez pas que votre situation soit vraiment douloureuse, inquiétante, pénible ou inconfortable pour demander de l'aide.

N'hésitez pas à consulter votre sage-femme, votre médecin généraliste ou une consultante en lactation. Mieux vaut une consultation pour peu de chose qu'une absence de consultation qui va entraîner l'aggravation de votre souci et peut-être compromettre votre allaitement.

Le plus de la sage-femme

L'allaitement ne doit pas faire mal. Une douleur est toujours un signe d'alerte : position inadéquate, crevasse, début d'engorgement, candidose mammaire, etc. Il faut trouver la solution assez rapidement, si possible dans les 24 à 48 h. Si votre médecin ou sage-femme n'est pas disponible ou peu spécialisé dans l'allaitement, sollicitez une conseillère en lactation :

http://consultants-lactation.org

SCÈNE 2
Les problèmes possibles chez votre bébé

Dans le couple allaitant, vous êtes deux, les problèmes peuvent donc concerner l'un ou l'autre. À vous de bien observer votre enfant pour détecter un éventuel souci.

COLIQUES DU NOURRISSON

Vers l'âge de 2 à 3 semaines, votre bébé se met à se tortiller après les repas, surtout le soir. Il a aussi des gaz et éventuellement des selles explosives, liquides, parfois un peu vertes. Il va pleurer de longs moments sans que vous n'arriviez à le calmer. Voilà un tableau qui ressemble fort à celui des coliques du nourrisson. Commençons alors par la bonne nouvelle, ces coliques, qui sont semble-t-il dues à un problème de maturation du système digestif disparaissent comme elles sont arrivées, au plus tard vers l'âge de 3 mois. Il est important de faire confirmer cet auto-diagnostic par un médecin pour écarter toute autre pathologie.

Quand le bébé prend le biberon, on lui prescrit du lait contenant moins de lactose ce qui fonctionne avec plus ou moins de succès, mais comment faire quand il s'agit d'un bébé allaité ? Voilà toute une série de petits trucs à tester pour voir si cela soulage votre bébé :

- **Allaitez votre bébé en essayant de le maintenir le plus à la verticale possible** puis gardez-le redressé après la tétée pour voir s'il a un rot.
- **Portez votre bébé dans vos bras au maximum.** Il a besoin d'être rassuré, parlez-lui, cajolez-le. La chaleur de votre corps apaise les douleurs de son petit ventre et le fait d'être tête vers le haut lui permet de libérer quelques rots plus aisément que lorsqu'il est allongé.
- **Installez-le tout contre vous dans l'écharpe ou le porte-bébé** si besoin, ils vous libèrent les mains mais vous permettent de garder votre bébé au chaud et bercé. Merveilleuses inventions...
- **Massez son ventre en rond** autour du nombril dans le sens des aiguilles d'une montre. Vous pouvez utiliser une huile spéciale coliques (Weleda) ou une huile végétale classique.

- **Posez votre main sur son ventre** pour le garder au chaud.
- **Dans la même veine, appliquez une petite bouillotte par-dessus son pyjama.** Veillez à ce que la bouillote soit tiède et non pas trop chaude (appliquez directement sur la peau de votre propre ventre pour vérifier la température).
- **Tentez la position de la panthère, graou !** Allongez votre bébé, son ventre sur votre avant-bras, sa tête vers votre main, ses jambes qui pendent dans le vide. Les papas aiment beaucoup cette manière de porter, demandez à votre compagnon de tester si vous ne vous sentez pas à l'aise.
- **Prenez rendez-vous chez l'ostéopathe.** L'accouchement crée des tensions ou déplace parfois des petits os et cela gêne le bon fonctionnement du système digestif ou la manière de téter de votre bébé.
- **Tentez les compléments alimentaires** (Calmosine, Babyfen...) à base de plantes apaisantes pour le système digestif qui ont également un léger effet sédatif. Demandez conseil à votre médecin, votre sage-femme ou votre pharmacien.
- **Mettez-vous au fenouil !** Réputé pour faciliter la digestion, vous pouvez le boire en tisane par exemple. A priori, cela ne passe pas dans le lait, mais mieux vaut mettre toutes les chances de son côté quand on a affaire aux coliques.

Si vous sentez que vous n'arrivez plus à faire face aux pleurs de votre bébé, demandez de l'aide à votre entourage. Vous pouvez également contacter Maman Blues : www.maman-blues.fr ou l'association « ALLÔ Parents-Bébés » au numéro vert 0.800.00.3.4.5.6 du lundi au vendredi de 10 h à 15 h et de 17 h à 21 h.

Le plus de la sage-femme

D'autres petits trucs peuvent être testés si les premiers n'ont pas donné de résultats :

- Limitez (voire stoppez totalement) pendant 3 à 4 jours votre propre consommation de laitages pour voir si cela améliore les coliques. Si oui, réintroduisez-les progressivement pour voir quelle « dose » convient à votre enfant.

- Exprimez une partie du lait de début de tétée (en pressant doucement l'aréole à la main ou avec un tire-lait), car ce lait de couleur blanc-clair est très riche en lactose. Puis laissez votre enfant prendre ce sein jusqu'au lait bien gras (de couleur blanc-jaune).
- Pensez aussi à l'homéopathie qui fait parfois des miracles sur les coliques, les probiotiques (Ergyphilus enfant, Biogaïa...) ou encore l'eau de chaux (sur prescription de votre médecin ou sage-femme).

CONSTIPATION DE BÉBÉ

Un bébé allaité exclusivement souille de selles au moins 3 couches par jour le premier mois. Ensuite, étant donné que le lait maternel est très bien assimilé par le corps, il se peut qu'un bébé allaité n'ait qu'une selle par semaine ! Inutile de donner des biberons d'eau riche en magnésium destinée à faciliter le transit.

C'est assez étonnant, mais cela ne doit pas vous inquiéter. Si votre bébé semble être inconfortable ou s'il pleure beaucoup, si ses selles sont dures, consultez votre pédiatre pour voir s'il n'y a pas d'autre origine à cette constipation.

Chez l'enfant plus grand qui est diversifié, adaptez l'alimentation. Proposez-lui des aliments à base de fibres (pâtes et pains complets, compotes de pruneaux, légumes crus ou cuits...), et également un peu d'eau.

GRÈVE DE LA TÉTÉE

D'une tétée à l'autre, votre enfant refuse soudainement le sein. Il pleure de faim mais boude ou se met en colère si vous le mettez au sein. Voilà une grève de la tétée.

Très déstabilisante et inquiétante. Il ne faut pas interpréter cette grève comme un désir de sevrage de votre bébé. Le sevrage naturel intervient plus tard, vers 3 ans. Il ne s'agit pas non plus d'un rejet de vous-même, ne perdez pas confiance en vos capacités de mère.

La grève de la tétée peut avoir différentes causes. Parfois on n'en connaîtra pas les raisons, mais votre bébé a peut-être eu peur de votre réaction (cri, sursaut) après une morsure, souffre peut-être d'aphtes ou de muguet (voir page 94), vous avez peut-être changé de lessive de savon ou de parfum et cette nouvelle odeur le perturbe... Essayez d'identifier une possible raison et prenez les dispositions nécessaires.

Ensuite, si vous faites face à une grève de la tétée, il va falloir ruser et tenter différentes choses :

- **Mettez-vous au calme,** dans un endroit pas trop éclairé et proposez-lui à nouveau le sein.
- **Ne forcez pas la tétée.** Ouvrir sa bouche et y engouffrer votre sein risque d'empirer la situation.
- **Proposez-lui le sein** alors qu'il n'est pas encore réveillé.
- **S'il a faim, tirez votre lait** et donnez-lui à la pipette, à la seringue, à la cuillère ou au verre le temps qu'il prenne à nouveau le sein.
- **Passez le maximum de temps en peau à peau,** proposez-lui le sein en marchant, prenez un bain avec votre bébé et proposez-lui le sein... Bref, essayez différentes situations et différents environnements.

La grève de la tétée dure parfois quelques jours, une semaine au plus. Continuez à tirer votre lait pour éviter l'engorgement et maintenir la lactation. Soyez patiente et gardez confiance.

Dans de très rares cas, la grève de la tétée se solde par un arrêt complet de l'allaitement.

PRISE DE POIDS DU BÉBÉ TROP FAIBLE

Voilà l'épée de Damoclès qui pend au-dessus de chaque maman qui allaite : la prise de poids trop faible. Les pesées à la maternité, à la PMI ou chez le pédiatre sont des moments assez tendus, car si la balance n'annonce pas une prise de poids que l'on estime correcte (20 à 30 grammes par jour), on parle de compléments, de maman qui n'a pas assez de lait et la confiance que l'on essaye d'installer dans son allaitement s'effrite au fil des pesées.

Regardez l'augmentation de sa taille. Si elle est importante, cela peut expliquer une faible prise de poids.

Essayez de trouver pourquoi votre bébé ne prend pas plus de poids et agissez en conséquence.

- **Il ne boit pas assez :** proposez-lui le sein plus souvent, laissez-le téter plus longtemps sur un seul sein pour qu'il boive bien le lait gras de fin de tétée et proposez-lui le second sein. Passez le maximum de temps en peau à peau. Reposez-vous, buvez de l'eau ou des tisanes et faites confiance à votre corps.
- **Il ne boit pas assez, car il dort trop :** soyez attentive aux signes de sommeil léger (yeux qui roulent sous les paupières, tête qui se tourne, bouche qui tète dans le vide...) et mettez-le au sein à ce moment-là.
- **Il tète mal :** il a peut-être un problème de succion. Vérifiez qu'il prend bien le sein en bouche (voir page 29). Demandez conseil à une sage-femme ou une conseillère en lactation. Une professionnelle vérifiera la manière de téter de votre bébé et vous proposera des solutions s'il tète mal : différentes positions, frein de langue à couper... Elle pourra aussi vous orienter avec le DAL (voir page 54) plutôt que vers le biberon qui risque de saboter votre allaitement.
- **Il est peu dynamique à la tétée** (voir encadré ci-contre).
- **C'est peut-être la nature de votre bébé.** Certains bébés prennent du poids plus doucement.

Si votre bébé mouille 3 à 4 couches par jour (couches assez lourdes), s'il vous paraît bien s'éveiller, s'il est souriant et s'il semble repu après les repas, vous avez là tous les signes d'un bébé qui va bien et qui se nourrit assez.

Pensez également à consulter la courbe de poids des bébés allaités, éditée par l'OMS : www.who.int/childgrowth/standards/fr/

Stimuler un bébé qui ne boit pas ou pas assez

Si votre bébé a du mal à boire ou s'il s'endort au sein, voilà quelques trucs à tester pour le stimuler :

- Mettez-le en body pour qu'il ne s'endorme pas dans la chaleur de votre sein et du pyjama, ou mieux : laissez-le tout nu en couche, en contact peau à peau avec la vôtre (plus une couverture pour qu'il n'ait pas froid), cela va stimuler tous ses sens et son envie de téter.
- Massez en rond l'arrière de son crâne avec la paume de votre main s'il s'arrête pendant la tétée.
- Chatouillez la plante de ses pieds avec un ongle.
- Si votre bébé est trop fatigué pour téter (notamment après la naissance), soyez vigilante. Téter le fatigue, donc il dort, donc il ne tète pas, donc il s'affaiblit... Il est compliqué ensuite de sortir du cercle vicieux. Tirez votre lait et donnez-lui à la cuillère ou à la seringue pour qu'il reprenne des forces.

Le plus de la sage-femme

On peut aussi essayer la technique de la « super alternance » : dès que le rythme de sa succion ralentit ou qu'il commence à somnoler, décrochez-le du sein et proposez-lui l'autre pour relancer son intérêt et donc sa succion. Et ainsi de suite tout au long de la tétée.

SCÈNE 3
Les problèmes possibles chez vous

En ce qui vous concerne, même chose. Ne laissez pas les bobos s'aggraver et mettez vos sens en éveil dès que vous sentez que quelque chose ne tourne pas rond.

ABCÈS

Vous avez une boule gonflée sur le sein, vous vous sentez fébrile, comme si vous aviez une mastite. On trouve des traces de sang ou de pus dans votre lait. Vous avez certainement un abcès. Il est impératif de consulter un médecin le plus rapidement possible, car un traitement antibiotique est nécessaire. Certains antibiotiques sont compatibles avec l'allaitement, ne vous laissez pas imposer un sevrage. Il faudra également peut-être drainer ou aspirer l'abcès à l'aide d'une seringue.

Si votre bébé refuse le sein de ce côté ou s'il est trop douloureux, donnez l'autre sein au bébé et tirez votre lait sur le sein malade pour maintenir votre sécrétion lactée.

Le plus de la sage-femme

Heureusement, aujourd'hui l'abcès du sein est rare. Mais ne perdez pas de vue qu'il n'arrive pas par hasard, mais presque toujours sur une lymphangite négligée et qui a mal évolué. Donc souvenez-vous que la douleur est un signe d'alerte qui doit vous pousser à consulter sans attendre si elle ne cesse pas dans les 24 à 48 h.

BAISSE DE LACTATION

Qu'est-ce qui vous fait penser que votre lactation baisse ? Votre bébé réclame plus souvent ? Il s'agit peut-être d'un pic de croissance (voir page 38) ? Vous avez l'impression que vos seins sont moins pleins ? Cela ne signifie pas que vous produisez moins de lait.

Si vous êtes fatiguée ou malade, vous pouvez être soumise à une baisse de lactation. Pendant cette période, prenez du repos, allongez-vous aussi souvent que vous le pouvez, veillez à bien vous hydrater.

Voir également le paragraphe « Maintenir sa lactation » page 69.

CANAL LACTIFÈRE BOUCHÉ ET ENGORGEMENT

Vous avez une douleur dans le sein, votre bébé a éventuellement du mal à boire et vous sentez une petite boule qui s'est formée sur votre sein. Il semble qu'un canal lactifère soit bouché à cause d'un peu de lait caillé ou de graisses qui se sont solidifiées et cela provoque un engorgement. Il faut réussir à faire s'écouler le lait à nouveau au risque de voir arriver des complications.

Les premières choses à faire sont de continuer à donner le sein pour éviter l'aggravation et de vous reposer. Quand vous donnez le sein, orientez le nez de votre bébé vers l'endroit douloureux. Appliquez un gant de toilette imbibé d'eau chaude ou une petite bouillote tiède le long du canal douloureux pour aider le lait à s'écouler. Prenez une douche si vous le pouvez et massez profondément là où vous sentez la boule en suivant le trajet vers votre mamelon.

Si vous voyez le bouchon de lait (une petite boule blanche) qui bouche le canal, « jouez » avec votre mamelon pour essayer de le faire sortir puis donnez le sein à votre enfant. Certaines sages-femmes proposent également de déboucher le canal avec une aiguille, mais il est tout à fait déconseillé d'essayer de le faire seule.

Ne restez pas avec un canal lactifère bouché, il peut entraîner une mastite qui est beaucoup plus lourde à soigner.

Le plus de la sage-femme

Vous pouvez aussi appliquer de l'argile verte en pâte (par exemple Argiletz), à renouveler plusieurs fois dans la journée. Il faut l'enlever avant que l'argile ne sèche totalement. Très efficace.

> Pour prévenir l'engorgement, portez un soutien-gorge à votre taille qui ne comprime pas et exprimez un peu de lait manuellement (sous la douche si cela vous semble plus facile) si vous sentez qu'une zone de vos seins est tendue.

CREVASSES

C'est l'ennemi numéro 1 des mamans allaitantes. En général, il s'agit d'un mal de début d'allaitement, mais des mamans pourtant rodées s'y retrouvent parfois confrontées, à leur grand étonnement.

Les crevasses sont des petites entailles douloureuses sur les tétons qui saignent à la tétée. Vous pouvez en souffrir sur un sein ou sur les deux. Si vous ne pensez pas à observer vos seins, c'est peut-être quelques taches de sang sur vos coussinets d'allaitement qui vous alerteront.

Il faut d'abord vous soulager en étalant le lait de fin de tétée sur votre mamelon. Vous pouvez aussi appliquer des compresses (mais pas des coussinets d'allaitement) imbibées de votre lait en pansement à renouveler toutes les 3 heures ou en appliquant en couche épaisse une crème à la lanoline pure (voir page 55). Attention à ne pas laisser la compresse sécher sur le mamelon.

Si la douleur à la tétée est intolérable, donnez en priorité le sein le moins douloureux. Appliquez des poches de glace ou directement un glaçon sur vos mamelons juste avant la tétée. Si la douleur n'est toujours pas supportable, essayez de vous servir temporairement de bouts de sein ou téterelles (voir page 48) en silicone.

Enfin, si vous trouvez cela moins douloureux, tirez un peu de lait et faites boire votre bébé au biberon (mais attention à la confusion sein-tétine !), à la cuillère, à la tasse, à la pipette ou à la paille.

Il faut ensuite trouver la raison de l'apparition ces crevasses. Plusieurs possibilités sont à envisager :

- **Votre bébé ne prend pas le sein de manière correcte.** Installez-vous confortablement, le visage du bébé faisant face au vôtre, votre nombril collé à son nombril. Vérifiez bien qu'il ouvre largement la bouche (voir page 29). Alternez les positions d'allaitement et faites attention à la manière dont vous le retirez du sein (voir page 29).

- **Votre bébé tète trop longtemps ou garde votre sein en bouche.** Préférez alors des tétées plus courtes mais plus rapprochées si c'est nécessaire.
- **Le frein de la langue de votre bébé est trop court** et l'empêche de téter correctement.
- **L'hygiène que vous portez à vos seins est mal adaptée** à l'allaitement (voir page 109).

Si la douleur est très intense, on peut prendre deux fois par 24 heures de l'ibuprofène 400 qui est compatible avec l'allaitement.

Il est important de traiter la crevasse, car elle ouvre une porte d'entrée pour les germes.

Ne laissez surtout pas les crevasses s'installer, car la situation ne fera que se dégrader, prenez conseil le plus rapidement possible auprès de votre sage-femme ou d'une consultante en lactation.

Les crevasses sont bien souvent un motif d'arrêt à l'allaitement en raison de la douleur qu'elles provoquent. Tenez bon, avec une bonne prise en charge, la douleur sera vite derrière vous et vous n'y penserez plus ! Courage !

DOULEURS (À LA TÉTÉE ET AU BOUT DES SEINS)

L'allaitement ne fait pas mal. Éventuellement, la sensation peut être désagréable pour certaines quelques secondes en début de tétée, surtout au début de l'allaitement quand vous n'êtes pas habituée, mais en aucun cas vous ne devez ressentir de douleur. Si vous avez mal, c'est que quelque chose ne va pas. La réponse peut se trouver dans ce chapitre, regardez si vous avez des symptômes associés.

La douleur peut aussi venir d'une mauvaise succion ou d'un mauvais positionnement de votre bébé.

Une consultation avec une sage-femme ou une consultante en lactation est indispensable si vous ressentez une douleur à la tétée.

ENGORGEMENT

Vous avez le sein congestionné, rouge, douloureux. Il est tellement dur que le bébé a peut-être du mal à téter, car il n'a pas de prise.

Mettez votre bébé au sein le plus souvent possible, toutes les une à deux heures environ. Pour soulager, appliquez de la chaleur sur vos seins. Vous pouvez par exemple mettre du riz dans une chaussette en coton, la faire chauffer au four à micro-ondes et l'appliquer dans le soutien-gorge (attention à la température tout de même). Vous pouvez prendre une douche chaude et masser l'aréole sous la douche pour ouvrir les canaux et ainsi libérer le lait.

Si votre sein est trop dur, vous pouvez tirer un peu de lait avant la tétée pour l'assouplir.

Et puis, très important, en cas d'engorgement, reposez-vous bien.

Un engorgement non traité peut conduire à des complications et à une mastite.

Le plus de la sage-femme

Certaines femmes sont plutôt soulagées par le froid. Dans ce cas, un sachet de petits pois surgelés (entouré d'un tissu fin ou d'un papier essuie-tout) s'adaptera parfaitement à la forme du sein. Réutilisable plusieurs fois, mais à ne pas consommer ensuite !

Si vous avez un engorgement plutôt « sous » le sein et qu'il a tendance à revenir, vérifiez où se place la main de votre bébé pendant l'allaitement : parfois, les petits appuient involontairement sous le sein et cela gêne l'écoulement du lait. Il suffira de déplacer doucement sa main ailleurs et tout rentrera dans l'ordre.

FUITES DE LAIT

Les fuites de lait ne sont pas un vrai problème en soi, mais elles peuvent entraîner des petits soucis si l'on ne respecte pas quelques règles simples. Si vous constatez que vous êtes fréquemment « débordée » par les fuites de lait, changez plus souvent vos coussinets d'allaitement. Même les coussinets jetables les plus performants peuvent être mis en défaut si vous souffrez de fuites de lait conséquentes entre deux tétées. Ne laissez pas vos seins tremper dans des coussinets humides, certes le lait maternel a beaucoup de propriétés, mais la macération crée une prolifération bactérienne.

La nuit, pour éviter de vous retrouver dans un lit inondé de lait, ne faites pas l'impasse sur un soutien-gorge et optez pour les coussinets jetables. Gardez une boîte à proximité de votre lit pour effectuer un changement en cours de nuit si besoin. Au cas où, vous pouvez aussi mettre une serviette de bain très absorbante sur le drap de dessous.

HYPERLACTATION

Dans les premières semaines de l'allaitement, il est possible que votre corps fournisse trop de lait. Cela arrive et cela n'est pas du tout inquiétant, car votre corps va s'adapter au fur et à mesure à la demande de votre bébé.

Certes, c'est assez inconfortable, car vous vous retrouvez parfois trempée de lait et vos seins sont tout le temps tendus. Pour arrêter le jet, il vous suffit d'appuyer fortement sur le mamelon ; voilà un « truc » bien pratique mais à utiliser avec parcimonie pour ne pas créer d'engorgement. Ne tirez pas votre lait au risque de continuer à stimuler votre production. Exprimer le lait à la main sans appuyer sur votre mamelon et votre aréole.

Si vous êtes sujette à l'hyperlactation, changez vos coussinets d'allaitement dès que vous avez une sensation d'humidité. Si le problème persiste après quatre semaines, consultez un médecin ou une sage-femme. Un traitement hormonal pourra vous être prescrit si nécessaire.

Le plus de la sage-femme

On peut essayer aussi de moduler l'hyperlactation avec l'homéopathie ou la tisane de sauge, par exemple.

MASTITE / LYMPHANGITE

Vous vous sentez fébrile, fatiguée, votre sein présente une zone localisée chaude et rouge. La mastite, aussi appelée lymphangite, est une inflammation qui crée une tension douloureuse. Elle peut être déclenchée par une compression due à un canal lactifère bouché, à la pression d'un soutien-gorge ou de la main du bébé sous le sein pendant la tétée mais également à la fatigue.

Si vous suspectez une mastite, il est impératif de consulter votre sage-femme ou une consultante en lactation pour prendre les mesures nécessaires. Attention, certains médecins encore peu formés à l'allaitement peuvent vous prescrire des médicaments incompatibles avec l'allaitement, préférez l'avis d'un professionnel de l'allaitement pour ce genre de problème. Un traitement antalgique et éventuellement antibiotique, compatible avec l'allaitement, vous sera prescrit.

MORSURE DU BÉBÉ

Quand paraissent les dents, la maman peut avoir un peu d'appréhension à voir son enfant téter. Ouf, les bébés savent parfaitement bien téter qu'ils aient des dents ou non et vous ne sentirez pas la différence. Il arrive cependant que certains bébés mordent durant la tétée. Ils testent cette nouveauté ou ont tout simplement le réflexe de serrer les gencives, car les dents les travaillent beaucoup. La surprise et la douleur sont alors intenses pour vous, pauvre maman !

Si votre bébé vous mord, retirez-le immédiatement du sein, mettez-le face à vous les yeux dans les yeux et prononcez un « non » ferme et définitif. Expliquez-lui que cela vous fait très mal. Aussi étonnant que cela puisse paraître, cela marche presque à chaque fois.

Si votre bébé mord à répétition, il demande peut-être plus d'attention durant les tétées.

MUGUET

Vous découvrez des petits dépôts blanchâtres dans la bouche de votre bébé (d'où le nom poétique de muguet pour une affection qui l'est beaucoup moins). Votre sein est enflammé, très rouge et douloureux même en dehors de tétées. Vous ressentez comme un élancement, une décharge électrique quand votre bébé tète. Le muguet est lié à une candidose, c'est-à-dire une mycose du sein.

Le traitement devra être double : pour vous et pour votre bébé.

Consultez votre sage-femme ou une consultante en lactation pour prendre les mesures nécessaires pour enrayer ce muguet.

Elle vous prescrira un colorant, le violet de gentiane, qui va permettre de neutraliser la mycose. Comme c'est un colorant, votre sein et la bouche du bébé vont être violets ! Cependant, le violet de gentiane n'évite pas la récidive. Si le muguet ne part pas en 4 ou 5 jours, la prescription d'un antimycosique s'avérera nécessaire. Il s'applique avant la tétée sur les deux seins. Ainsi, le bébé est traité lui aussi.

Le plus de la sage-femme

Les petits dépôts blanchâtres du muguet ne doivent pas être confondus avec les traces de lait sur sa langue. Ceux du muguet ne partent pas quand on frotte avec le doigt sur la langue du bébé.

Parfois le seul signe de la mycose du sein est une douleur qui survient après la tétée, alors que le sein semble extérieurement totalement normal, ou qui se réactive dès qu'on mange du sucré (le candida albicans, le microbe responsable de la mycose se nourrit de sucre !).

Comme il y a de plus en plus de mycoses résistantes, votre médecin vous prescrira peut-être d'emblée un antibiotique ciblé, sans passer par la case « violet de gentiane ».

RÉFLEXE D'ÉJECTION FORT

À peine avez-vous dégrafé votre soutien-gorge, à peine votre bébé commence-t-il à téter que le lait sort en geyser (le terme « système d'arrosage automatique » peut vous parler !). Votre bébé s'étouffe ou avale très vite en début de tétée. Ses selles sont verdâtres, vous avez peut-être un réflexe d'éjection fort (REF).

Le REF peut aussi se repérer à l'attitude du bébé. Habitué à avoir le lait qui coule tout seul, il tète avec moins d'énergie et se retrouve frustré. Il s'énerve donc quand il doit faire l'effort de téter pour avoir le lait gras de fin de tétée. Sa courbe de poids peut alors stagner alors que vous avez l'impression qu'il prend assez de lait.

Que faire ?

- **Videz un peu de lait avant la tétée** en déclenchant le réflexe d'éjection à la main et donnez ensuite le sein quand le lait cesse de sortir en jet.
- **Interrompez la tétée quelques secondes** le temps que le lait jaillisse et reprenez. Votre bébé risque de râler un peu.
- **Comprimez le sein** pendant la deuxième partie de la tétée pour aider votre bébé à prendre plus facilement le lait gras.
- **Proposez le même sein** plus fréquemment pour que le début de tétée soit moins soumis au REF.
- **Allaitez allongée** (le REF est alors moins fort).

Le REF diminue au fil des semaines.

Notes

acte
5

Hygiène de vie

Ouverture

Après la période de la grossesse qui engendre de sérieuses restrictions alimentaires et comportementales, la période de l'allaitement peut être vécue comme un prolongement de cet état de contrôle constant.
L'allaitement est au contraire un bon moyen pour reprendre peu à peu une vie normale tout en vous ménageant et en gardant de bonnes habitudes dans votre hygiène de vie. C'est un bon prolongement pour continuer à intégrer dans votre vie les modifications induites par votre grossesse comme l'arrêt du tabac ou un meilleur équilibre alimentaire…
Le fait de nourrir votre bébé vous motive à poursuivre dans ce sens et tant mieux ! Heureusement, la période de l'allaitement est beaucoup moins restrictive que celle de la grossesse et vous pouvez vivre de manière tout à fait normale tout en gardant en tête quelques recommandations que nous développons ici.

SCÈNE 1
Alimentation

Terminées les restrictions alimentaires relatives à la grossesse ! Quand on allaite, aucun aliment n'est interdit, youpi !

Le fait de produire du lait ne nécessite pas de manger pour deux. Vous brûlez tout de même environ 500 calories de plus par jour, ce qui est important. Voilà pourquoi certaines femmes fondent littéralement durant l'allaitement.

Cependant, le corps utilise mieux les aliments comme quand vous êtes enceinte. Il a donc un meilleur rendement et utilise les nutriments de manière optimale. Tout est fait pour que vous puissiez fournir suffisamment de lait sans forcément manger plus. Il suffit de suivre votre faim et celle-ci peut être aussi augmentée par la fatigue inhérente à votre situation de jeune maman et à l'accouchement.

Vous pouvez donc consommer tous les aliments que vous voulez et retrouver le plaisir de déguster des sushis, de la charcuterie et de la viande rouge sans crainte !

« Magie » de l'allaitement, les aliments que vous mangez donnent du goût à votre lait. Votre bébé découvre ainsi les saveurs que vous dégustez et ses papilles s'éveillent encore une fois grâce à vous (mais oui, souvenez-vous, ce que vous mangiez pendant la grossesse donnait déjà du goût au liquide amniotique !). Certains aliments forts en goût comme les asperges, l'ail ou le chou peuvent donner un goût très prononcé au lait. Si votre bébé semble moins apprécier sa tétée, vous avez peut-être consommé un aliment qui ne lui plaît pas.

Si vous en avez la possibilité, et cela n'est pas forcément facile dans nos vies de femmes très actives, et les moyens, consommez des aliments bio les moins transformés possibles. En effet, on sait que les pesticides, les colorants, les additifs alimentaires passent dans le lait. Ils risquent d'avoir des conséquences néfastes sur la santé de votre enfant à long terme. Il est donc préférable de manger en priorité certains aliments bio (la farine, les œufs et le lait) et d'éviter autant que possible les produits manufacturés. Préférez par exemple cuisiner des lentilles sèches que d'ouvrir une boîte ou un sachet déjà préparé. Préférez manger du pain acheté chez le boulanger plutôt que du pain de mie en sachet dans lequel on ajoute un grand nombre de conservateurs. Lisez les étiquettes, vous réaliserez le grand nombre d'additifs présents dans les aliments manufacturés.

Il pourra être intéressant aussi de penser à éplucher les fruits et légumes non bio pour éviter d'en consommer la peau, toujours plus ou moins « chargée » en pesticides ou autres.

Évitez de manger ou de boire trop sucré. Si vous avez des fringales, ne vous jetez pas sur le paquet de gâteaux si appétissants mais qui ne vous satisferont pas longtemps. Préférez les sucres lents et faites-vous un goûter complet à base de pain frais par exemple. Si vous consommez des sucres rapides, vous risquez d'avoir à nouveau une fringale dans l'heure qui suit.

Le plus de la sage-femme

Les fringales de sucre sont peut-être le signe que le repas précédent ne comportait pas suffisamment de sucres lents. Si vous voulez faire d'une pierre deux coups (éviter ces fringales sucrées et limiter la prise de poids) :

- **Intégrez des aliments à index glycémique bas à chacun des trois repas :** pain complet, pâtes et riz complets ou semi-complets, légumineuses, la plupart des fruits et légumes frais, chocolat noir.
- **Associez toujours les aliments à index glycémique élevés** (pain blanc, riz blanc, riz à cuisson rapide, pâtes, pomme de terre, céréales type corn-flakes et autres céréales sucrées, chocolat au lait, sucreries, etc.) **à des fruits frais ou des légumes verts :** les fibres végétales vont ainsi réguler les variations de glycémies et éviter les fringales qui peuvent survenir 1 h 30 à 2 h après le repas.

Vous pouvez consulter ce tableau pour en savoir plus : www.sante-et-nutrition.com/sucres-lents-sucres-rapides-est-ce-aussi-simple-dans-lassiette-optimiser-son-bien-etre-et-son-poids-grace-a-lindex-glycemique.html

Nos grands-mères pensaient que pour produire du lait, il fallait consommer des produits laitiers. On sait désormais que c'est faux et qu'il n'est pas utile de consommer plus de lait pour en produire. Le calcium nécessaire se trouve aussi dans de nombreux autres aliments. Il est intéressant de savoir que, pendant l'allaitement, les os perdent un peu de calcium mais à la fin de l'allaitement, ils se reconstituent et sont plus forts qu'avant.

Il arrive que certains bébés soient allergiques aux protéines de lait de vache (PLV). Dans le cadre d'un allaitement, les protéines passent dans votre lait pour permettre à votre bébé de s'y habituer.

De manière générale, si vous avez l'impression que votre enfant réagit mal quand vous mangez certains aliments (ballonnements, reflux, constipation, pleurs...), arrêtez de consommer cet aliment et voyez si cela améliore son état. Parlez de ces doutes avec le médecin chargé du suivi de votre enfant.

Le plus de la sage-femme

Où trouver du calcium ailleurs que dans les produits laitiers ?

Du plus riche au moins riche en calcium :

- les algues
- le sésame
- l'eau minérale (Hépar, Courmayeur, Contrex...)
- le chou
- la mélasse
- la sardine (surtout si on mange les arêtes)
- les amandes, noisettes, pistaches
- les légumineuses (en particulier soja, pois chiches et haricots secs)

- les légumes à feuilles : pissenlit, cresson, brocolis
- les fruits secs (surtout figue)
- les céréales (en particulier orge et blé)
- les crevettes et les œufs de poisson

Concernant les boissons, l'eau est la seule boisson nécessaire à l'allaitement. Rien ne sert de se fixer un objectif de consommation ou de se forcer à boire. Écoutez votre corps et buvez à votre soif de l'eau, des jus ou des tisanes sans attendre d'avoir une forte sensation de soif ou mal à la tête. N'oubliez pas d'avoir toujours une bouteille d'eau à portée de main lors des premiers mois d'allaitement où la sensation de soif se fait très fortement sentir lors des tétées. Les jus de fruits peuvent vous apporter des vitamines. N'en consommez tout de même pas trop, car ils apportent également du sucre et préférez le jus de fruits frais que vous pressez vous-même.

Le plus de la sage-femme

Si vous êtes du genre « chameau » qui ne boit que très peu habituellement, soyez quand même vigilante à boire au moins un 1,5 litre d'eau par jour avec l'allaitement.

Une petite astuce pour connaître son état d'hydratation : dès que la couleur des urines est jaune prononcée, voire plus foncée, c'est qu'on ne s'est pas assez hydratée.

Café, thé, soda au cola contiennent des excitants. La caféine passe dans le lait, en petite quantité. Une boisson excitante dans la journée n'a, en général, pas d'incidence sur votre bébé. Si vous constatez que votre bébé a du mal à trouver le sommeil, qu'il est grognon, irritable ou énervé, essayez de ne pas en consommer du tout pour voir si la situation s'améliore. Certains bébés supportent en effet très bien les excitants et d'autres y sont très sensibles.

Si vous êtes végétarienne (avec consommation de protéines : poissons, œufs, produits laitiers...), l'allaitement ne pose pas de souci particulier.

En revanche, si vous êtes végétarienne stricte ou végétalienne, c'est-à-dire si vous ne consommez aucun produit d'origine animal, vous risquez une carence en vitamine B12. Signalez votre choix alimentaire à votre sage-femme ou à votre médecin, il vous prescrira un supplément.

ALCOOL

L'alcool passe dans le lait et diminue le réflexe d'éjection du lait. Il excite votre bébé et peut entraîner de longues périodes de pleurs sans sommeil. Eh oui, contrairement à ce que l'on pense, l'alcool ne le fait pas dormir.

La dose d'alcool contenue dans le lait est la même que celle contenue dans le sang. Quand on connaît les méfaits de l'alcool sur l'adulte, il est facile de comprendre que l'alcool est dangereux pour le foie et le cerveau en plein développement des nourrissons.

La consommation d'alcool est à prescrire durant l'allaitement, surtout les tout premiers mois. Si vous allaitez un certain temps, cette privation peut être difficile à vivre. Si vous choisissez de boire de l'alcool, faites-le de manière exceptionnelle, occasionnelle. Buvez alors un verre juste après la tétée.

Si, pour une occasion spéciale, vous décidez de boire plus d'un verre d'alcool dans la journée, mieux vaut donner à votre bébé du lait tiré au préalable. Une fois la fête terminée, vous n'avez pas besoin de tirer votre lait, car le taux d'alcool de votre lait baissera en même temps que celui de votre sang.

Si besoin, vous pouvez contacter « Écoute alcool » au 0 811 91 30 30, 7j/7, de 8 h à 2 h du matin (coût d'une communication locale depuis un poste fixe).

SCÈNE 2
Cigarette

Évidemment, il est préférable de ne pas fumer pendant l'allaitement. La nicotine induirait une production lactée plus faible. Elle passe également dans le lait à qui elle peut donner un goût et peut avoir des conséquences comportementales et physiques sur le bébé.

Si vous avez réussi à vous arrêter de fumer pour votre grossesse, continuez dans cette voie même si vous êtes très tentée.

Si vous n'avez pas réussi à vous arrêter durant la grossesse, ne pensez pas que le tabagisme proscrive l'allaitement. Ce que l'on appelle la balance risque/bénéfice est en faveur de l'allaitement même pour les mères qui fument. C'est-à-dire que le lait d'une mère fumeuse est plus bénéfique pour un bébé que le lait artificiel. Mais on vous le répète, mieux vaut ne pas fumer du tout.

Si vous continuez à fumer, prenez tout de même certaines précautions.

- **Ne fumez pas en présence de votre bébé.**
- **Ne fumez pas dans votre maison,** et fumez exclusivement à l'extérieur pour limiter le tabagisme passif. Même chose pour votre compagnon et vos visiteurs.
- **Limitez votre consommation** au maximum.
- **Fumez après la tétée,** car le taux de nicotine reçu par votre bébé est bien supérieur juste après avoir fumé.
- **Essayez de ne pas fumer dans les 2 heures** précédant une tétée.

Même si vous n'aviez pas arrêté de fumer pendant la grossesse, il n'est peut-être pas trop tard pour trouver de l'information ou prendre rendez-vous avec un médecin ou une sage-femme tabacologue en appelant Tabac Info Service au 3989 (du lundi au samedi de 9 h à 20 h, 0,15 euro par minute depuis un poste fixe).

➔ Drogue

Toutes les drogues sont tout à fait proscrites durant l'allaitement. Si vous fumez du cannabis ou que vous êtes dépendante à une drogue, signalez-le à votre médecin ou sage-femme. Un suivi particulier pourra être mis en place et vous pourrez être assistée si vous souhaitez vous sevrer.

Si besoin, vous pouvez contacter :

- **Drogues info service** au 0 800 23 13 13, 7j/7, de 8 h à 2 h du matin (appel gratuit depuis un poste fixe ou depuis un téléphone portable).
- **Écoute cannabis** au 0 811 91 20 20, 7j/7, de 8 h à 2 h du matin (coût d'une communication locale depuis un poste fixe).

SCÈNE 3
Forme

Après l'accouchement, vous avez peut-être envie de retrouver rapidement votre ligne. Prenez patience, chaque chose en son temps. Votre corps s'est modifié au fil des mois pour donner naissance à votre bébé. Si certaines ont récupéré la ligne en sortant de la maternité, ce n'est pas le cas de toutes les femmes.

MINCEUR

L'allaitement va vous aider à retrouver la forme au fil du temps. Soit vous allez maigrir durant l'allaitement, soit vous perdrez du poids à la fin de l'allaitement. Certaines perdent du poids de manière systématique à chaque tétée. Et d'autres reprennent un ou deux kilos avec l'allaitement, il n'y a pas de règle.

Faites confiance à votre corps et ne lui demandez pas de revenir à la normale. D'ailleurs votre silhouette ne sera sûrement plus la même, même à votre poids d'avant-grossesse, vos hanches ayant été élargies par la grossesse et l'accouchement.

Si vous envisagez de faire un régime, mieux vaut attendre la fin de l'allaitement. En effet, le processus d'amaigrissement oblige à aller puiser dans les graisses. Or, dans ces graisses, le corps stocke différents additifs alimentaires et pesticides. Patience !

Prenez garde à ne pas grignoter et à ne pas avoir de fringales. Comme évoqué dans le paragraphe sur l'alimentation, avoir une alimentation équilibrée est le plus important pour être en forme.

L'allaitement ne fatigue pas plus que de donner le biberon, ce qui est fatiguant, c'est d'être une jeune maman très sollicitée ! Mais pour avoir une production de lait adaptée à la demande de votre bébé, vous devez être en forme et éviter les coups de pompe en vous nourrissant correctement et en vous reposant ! Chose tellement difficile à faire pourtant. Profitez des tétées et de la douce somnolence qu'elles engendrent pour vous détendre et vous reposer. Siestez si vous le pouvez. Écoutez votre rythme et celui du bébé en évitant au maximum les contraintes non nécessaires.

Le plus de la sage-femme

Pour joindre l'utile à l'agréable, profitez-en pour faire une tétée allongée dans l'après-midi, vous vous sentirez plus en forme, comme après une sieste.

SPORT

Envie de bouger ? Très bonne idée ! Avant de reprendre une activité sportive, il est impératif de faire contrôler l'état de votre périnée par votre gynécologue ou votre sage-femme. Une fois effectuée la rééducation, à vous le sport !

L'allaitement ne contre-indique aucun sport, en revanche, prenez soin de vos seins ! Les sports avec chocs ou rebonds comme la course à pieds ou le volley-ball peuvent être dévastateurs pour les fibres musculaires de votre poitrine. Investissez dans un soutien-gorge ou une brassière spécial sport à votre taille.

Ne soyez pas inquiète, vous pouvez aller à la piscine, une petite fuite de lait dans l'eau passera inaperçue, mais la situation la rend peu probable de toute façon. Attendez au moins un mois, ou l'arrêt des saignements (« lochies ») après votre accouchement pour vous rendre à la piscine. À la sortie, lavez-vous bien sous la douche pour vous défaire de l'odeur de chlore pour ne pas perturber l'odorat de votre bébé.

Si vous n'êtes pas une sportive dans l'âme, prenez l'air en vous promenant avec votre bébé en poussette ou en écharpe. Pas besoin de biberon, votre sein sera là si besoin !

➔ Hygiène des seins

Vos seins ne nécessitent aucun soin particulier. Les glandes de Montgomery qui entourent le mamelon sécrètent une huile naturelle qui lubrifie la peau et limite la croissance de bactéries pendant l'allaitement.

Lavez vos seins sous la douche comme à votre habitude et si vous constatez que vos mamelons sont un peu secs ou irrités, optez pour une crème lavante sans savon ou un savon surgras.

Après chaque tétée, étalez une goutte de lait de manière à hydrater votre mamelon, cela le nettoie également.

De manière générale, n'appliquez pas de crème sur votre poitrine, qu'elle soit parfumée ou non et contentez-vous de crème à la lanoline purifiée si nécessaire.

Veillez à changer assez fréquemment vos coussinets d'allaitement pour éviter la macération.

Profitez de votre douche quotidienne pour examiner vos seins et pour les masser. Si vous remarquez une anomalie (crevasse, boule, douleur), consultez les pages 88 à 96 et n'hésitez pas à prendre contact avec un spécialiste de l'allaitement.

SANTÉ

Vous n'êtes plus enceinte, mais vous êtes toujours dans un processus où votre corps nourrit votre bébé. Prévenez chaque professionnel de santé que vous êtes allaitante dès le début des consultations qu'il s'agisse d'un dermatologue ou d'un dentiste. Le praticien pourra chercher un médicament compatible avec l'allaitement si nécessaire. Malheureusement, pour certains médecins, il semble plus simple d'exiger un arrêt total ou temporaire de l'allaitement, ce qui n'est la plupart du temps pas nécessaire du tout. Prenez conseil auprès de l'ANSM (Agence nationale de Sécurité du Médicament et des produits de santé, http://ansm.sante.fr) ou du CRAT (Centre de référence sur les Agents Tératogènes, www.lecrat.org) ou de la Leche League (www.lllfrance.org)

Voir également « Allaitement et traitement médical de la maman » (page 149).

Le plus de la sage-femme

Sachez que très peu de situations médicales imposent la suspension ou l'arrêt de l'allaitement, mais par habitude, excès de prudence ou par méconnaissance, beaucoup d'idées reçues ont la vie dure. Par exemple en cas d'anesthésie dentaire, on vous dira peut-être de suspendre l'allaitement plusieurs jours. On sait aujourd'hui que ce n'est pas nécessaire. En cas de doute, pensez donc toujours à demander un 2e avis auprès d'un spécialiste de l'allaitement.

Si vous avez de la fièvre ou que vous êtes visiblement victime d'un virus (grippe, gastro-entérite, rhume...), continuez à allaiter et ne vous mettez pas en quarantaine de votre bébé. À votre contact, le bébé a pu de toute façon attraper la maladie avant que vous ne la déclariez et les anticorps que vous fabriquez vont passer dans le lait et l'aider à combattre le virus.

Le plus de la sage-femme

Par contre, le bon sens nous conseille de penser à se laver souvent les mains pour éviter la propagation, notamment en période de grippe, gastro, etc., ou après avoir pris les transports en commun, en sortant des toilettes, etc.

Pour les maladies au long cours, il faudra discuter avec les médecins chargés de votre suivi sur la compatibilité de votre maladie, des médicaments nécessaires et de l'allaitement. Voir également « Allaitement et traitement médical de la maman » (page 149).

La petite pharmacie de la maman allaitante

Pour soigner les petits maux du quotidien, gardez sous la main une trousse avec les médicaments que vous pouvez prendre sans crainte pour votre bébé et qui ne risquent pas de perturber votre allaitement.

Les laboratoires font peu/pas de recherche sur la prise médicamenteuse durant l'allaitement. La plupart du temps, il s'agit d'observation sur le long terme de femmes allaitantes.

En cas de fièvre ou de douleur, vous pouvez prendre du **paracétamol** (Doliprane, Dafalgan...). Attention à ne pas prendre un médicament qui couple deux molécules, paracétamol et codéine par exemple. **L'aspirine est tout à fait contre-indiquée.**

En cas de douleur très intense, l'**ibuprofène** (Nurofen, Advil, Nurefelex...), un anti-inflammatoire non-stéroïdien (AINS) est également compatible avec l'allaitement.

En cas de maux de ventre, comme les tranchées par exemple, un **antispasmodique** (Spasfon) peut vous soulager.

Respectez toujours les posologies indiquées sur les notices des médicaments.

Voilà de quoi parer au plus pressé en attendant un rendez-vous chez le médecin mais ne restez pas avec une maladie ou une douleur qui traîne au risque qu'elle s'aggrave et qu'elle nécessite un traitement plus lourd.

Vous pouvez également vous tourner sans inquiétude vers l'homéopathie.

En revanche, n'utilisez pas d'huiles essentielles qui peuvent s'accumuler dans le lait et évitez également la phytothérapie qui n'a pas été suffisamment étudiée.

Vous pouvez également consulter cet excellent article du Dr Newman (Leche League) : www.lllfrance.org/Allaiter-Aujourd-hui/AA-29-Vous-pouvez-allaiter-meme-si.html

Pour toute autre prise médicamenteuse, demandez un avis médical ou pharmaceutique.

SCÈNE 4
Sexualité et contraception

Dès la sortie de la maternité, on vous parlera de contraception, une chose qui vous paraît peut-être incongrue alors que vous venez tout juste d'accoucher. Certes vous n'avez peut-être pas la tête (et le corps) à faire le « petit frère » mais la reprise de la sexualité et surtout de la contraception sont deux points à envisager, qu'il y ait allaitement ou non.

SEXUALITÉ

Après la grossesse, chaque couple retrouve à son rythme le chemin vers la sexualité. La fatigue due à l'accouchement et la douleur post-épisiotomie ou césarienne peuvent être des freins à la reprise rapide d'une sexualité. Chaque chose en son temps.

L'allaitement n'est absolument pas une contre-indication à la reprise de la sexualité.

Si vous êtes plus sensible au niveau de la poitrine durant l'allaitement ou si vous avez besoin de compartimenter en vous disant « durant l'allaitement, mes seins sont pour mon bébé », signalez-le à votre partenaire qui pourra alors chercher d'autres caresses pour vous satisfaire.

Vous pouvez éventuellement souffrir de sécheresse vaginale en raison des hormones liées à l'allaitement, un lubrifiant intime pourra vous aider à gérer cet inconfort. En prenant plus de temps lors des préliminaires, la lubrification pourra certainement être de meilleure qualité.

Durant le rapport sexuel, il est possible que votre lait jaillisse sous l'effet de l'ocytocine, l'hormone du plaisir. Cela peut être surprenant, mais c'est le signe que votre plaisir est intense.

L'essentiel est de pouvoir échanger et partager avec votre compagnon pour que l'un et l'autre trouvent ses repères dans cette sexualité un peu modifiée.

CONTRACEPTION

À moins que vous ne souhaitiez enchaîner rapidement sur une autre grossesse, il est important d'utiliser un moyen de contraception. Contrairement à ce que l'on entend parfois, l'allaitement n'est pas contraceptif, ou si, sous certaines conditions. C'est ce que l'on appelle la méthode MAMA, Méthode de l'Allaitement Maternel et de l'Aménorrhée. Pour que cette méthode contraceptive fonctionne, il faut cumuler ces quatre critères :

- **Ne pas avoir eu de retour de couches** (premier retour des règles après l'accouchement).
- **Allaiter exclusivement à la demande** sans JAMAIS laisser s'écouler plus de six heures entre deux tétées la nuit et quatre heures le jour.
- **Ne remplacer une tétée par un biberon** que de manière exceptionnelle.
- **Avoir accouché il y a moins de six mois.**

Dès lors qu'un de ces quatre points n'est pas scrupuleusement respecté, une contraception supplémentaire est nécessaire.

Vous pouvez alors vous tourner vers :

- **le préservatif** (masculin ou féminin) qui vous évite une contraception hormonale et permet une contraception « à la demande ». Associez le préservatif masculin à un lubrifiant intime tant que vos règles ne sont pas revenues.

- **la pilule contraceptive microdosée** (Cérazette, Microval) qui doit être prise à heure fixe, au risque de ne plus être efficace. À commencer 4 à 6 semaines après la naissance ou 7 jours avant la reprise des rapports sexuels (délai minimum pour que cette micropilule soit efficace), le temps que l'allaitement soit bien lancé. Microval est actuellement la seule micropilule remboursée, mais elle doit être prise très régulièrement (trois heures de décalage maximum). Pensez à programmer votre réveil ou votre téléphone pour sonner l'heure de la prise. Cérazette ou ses génériques (Désopop, Antigone, Claréal, etc.) ne sont pas pris en charge par la CPAM, mais tolèrent jusqu'à douze heures de décalage maximum. On peut commencer la micropilule dès le 21e jour après l'accouchement.

  Si vous préférez attendre et commencer plus tard, il faudra alors l'associer avec une contraception locale (préservatif par exemple) les sept premiers jours, le temps que l'efficacité de cette pilule microdosée soit complète.

- **le stérilet aux hormones** (Mirena, durée d'action : 5 ans) **ou au cuivre** (durée : 4 à 10 ans) qui peut être posé un mois après l'accouchement. La pose du stérilet au cuivre est également possible dans les 48 heures après un accouchement donc, théoriquement, on pourrait même le poser en salle d'accouchement, mais en pratique courante en France, ce n'est quasiment jamais proposé.

  Si, de votre côté, vous avez déjà réfléchi à votre contraception et que vous êtes sûre de votre choix pour le stérilet au cuivre, pourquoi ne pas en parler à votre médecin ou sage-femme avant l'accouchement ? Cela permettrait d'arriver avec le jour de l'accouchement et de le poser dans la foulée...

- **l'implant contraceptif** (durée : 3 ans)

- **les gels spermicides,** dont il faut vérifier la compatibilité avec l'allaitement.

L'implant et les stérilets ont l'avantage qu'on n'a plus à penser à sa contraception une fois posée.

Les dispositifs impliquant des hormones peuvent éventuellement entraîner une baisse de la lactation ou de la libido. Écoutez votre corps et cherchez la contraception qui vous conviendra le mieux.

SCÈNE 5
Beauté

Là encore, rien n'est incompatible entre beauté et allaitement, même si quelques ajustements sont nécessaires.

Les on-dit laissent entendre qu'il est déconseillé de faire une **coloration**, une **permanente** ou une **décoloration** lorsque l'on allaite. Il n'en est rien, vous pouvez faire ce que vous voulez à vos cheveux.

Idem pour l'**épilation**, mais vous serez peut-être plus sensible à la douleur pendant un certain temps en raison de l'imprégnation hormonale si vous vous épilez à la cire.

En ce qui concerne les **massages** et autres soins aux huiles, faites-vous plaisir tout en évitant les massages aux huiles essentielles qui peuvent s'accumuler dans le lait.

Pour le **parfum**, évitez d'en porter lors de vos débuts de maman allaitante. Il peut en effet perturber votre bébé qui ne retrouvera pas l'odeur si spéciale de votre lait.

Si vous crémez votre corps, choisissez une **crème** pas trop odorante et évitez votre poitrine pour que votre enfant n'en ingère pas à la tétée suivante.

De manière générale, utilisez des **produits sans parfum**.

On sait désormais que les sels d'aluminium contenus dans les **déodorants** sont mauvais pour la santé. Le temps de l'allaitement, vous pouvez vous tourner vers les déodorants bio ou la pierre d'alun.

Comme nous l'expliquons dans la liste du matériel (page 46), les **vêtements d'allaitement** ne sont pas une nécessité absolue. Cependant, ils apportent un confort et un côté pratique non négligeable et si vous comptez allaiter longtemps ou allaiter plusieurs enfants, ils peuvent se révéler de très bons alliés.

Le **soutien-gorge d'allaitement** reste un incontournable. Vous pouvez certes utiliser un soutien-gorge classique et ne sortir que votre sein du bonnet quand vous avez besoin, mais la bretelle risque alors de tirer sur votre épaule et créer une sensation d'inconfort. Vous risquez également d'abîmer votre lingerie en détendant la bretelle et le bonnet. Il existe plusieurs systèmes de soutien-gorge d'allaitement qui vous permettent de sortir votre sein d'une seule main pendant que vous tenez le bébé de l'autre.

Vous pouvez allaiter sans aucun souci sans vêtements d'allaitement. Vous avez déjà dans votre garde-robe de quoi allaiter sans problème, il suffit d'avoir un peu d'ingéniosité et d'imagination.

Vous allez vite découvrir qu'une chemise ou un corsage qui s'ouvre sur le devant n'est pas pratique, car il découvre entièrement votre poitrine et ne vous permet pas d'allaiter discrètement. Pour allaiter facilement et en toute intimité, superposez les hauts ! Un débardeur sur lequel vous ajoutez un tee-shirt ou un pull et le tour est joué. Au moment d'allaiter, remontez le top du dessus au-dessus du sein, et passez le débardeur sous le sein. Votre bébé a ainsi accès au sein sans que la peau de votre ventre ou de votre sein soit à l'air.

Vous pouvez également avoir toujours près de vous un lange ou une couverture légère à jeter sur épaule pour cacher le morceau de peau que vous n'avez pas envie de montrer.

L'allaitement vous offre une poitrine ronde et ferme, vous pouvez en faire un de vos atouts beauté en portant de jolis décolletés en V par exemple.

En ce qui concerne les vêtements d'allaitement, ils ont donc des avantages pratiques non négligeables et les marques proposent désormais des choses vraiment jolies et à la mode. Vous trouverez peut-être cela agréable de porter de jolis hauts tout en laissant un accès facile au sein pour votre bébé.

Parmi nos enseignes préférées qui proposent des vêtements d'allaitement :

- **www.mamanana.com** - C'est le site référence qui propose un panel assez large de vêtements allant des sous-vêtements au sweat-shirt !
- **H&M** – La grande enseigne suédoise vend des vêtements à petits prix que l'on peut porter dès la grossesse.
- **www.emoi-emoi.com** - Des pièces plutôt chères mais de très belle qualité sur ce site français particulièrement à la mode.

- **www.enviedefraises.fr** - Le bon plan pour des tuniques d'allaitement pas trop chères.
- **Kiabi** – Des vêtements vraiment à petits prix mais qui ne feront peut-être pas plusieurs allaitements ou un allaitement long.

acte 6

L'allaitement et le monde autour

Ouverture

Allaiter, c'est une relation intime entre un bébé et sa maman. C'est un échange, une fusion qui se vit jour après jour.

Il peut être très déstabilisant pour une jeune maman allaitante de faire face aux gens extérieurs au couple qu'elle forme avec son bébé durant l'allaitement. Comment vivre au mieux avec les autres ? Comment trouver de l'aide ? Nous vous donnons quelques pistes dans ce chapitre. Bien évidemment, chaque situation a ses particularités, à vous d'adapter ce qui vous semble intéressant ou non dans votre cas.

SCÈNE 1
Le papa et l'allaitement

Le papa, c'est le 3e pilier de l'allaitement. Peut-être a-t-il été un élément moteur dans votre décision d'allaiter, peut-être vous a-t-il laissé le choix en vous faisant confiance, tout simplement, peut-être était-il réticent ? En tous cas, vous allaitez désormais et vous formez un trio où chacun doit trouver sa place.

On entend souvent « je n'allaite pas parce que le papa veut s'occuper du bébé, lui donner des biberons ». Si c'est la seule raison pour ne pas allaiter, c'est dommage et réducteur, car s'occuper d'un bébé, ça ne se résume pas à le nourrir. Il y a tellement à faire : le changer, effectuer les soins quotidiens, lui donner le bain, le câliner, le calmer quand il pleure, le porter contre soi, faire du peau à peau, des massages, le promener en poussette, le porter en écharpe, lui chanter des chansons... Le papa peut partager tout cela et plus il prendra part aux soins du bébé, plus votre tâche sera allégée et plus vous serez en mesure de vous reposer.

Un allaitement, c'est une décision de couple et vous avez besoin du soutien du papa pour le développer dans de bonnes conditions.

Le papa peut tout de même se sentir exclu de cette relation fusionnelle entre une maman allaitante et son bébé. Ne vous isolez pas, prenez le temps de partager avec votre compagnon ce que vous êtes en train de vivre. Parlez-lui, expliquez-lui votre fatigue, vos inquiétudes, votre joie aussi.

C'est en s'occupant de vous qu'il s'occupera de son enfant. Si vous allez bien, votre bébé a toutes les chances d'aller au mieux.

Pour faire comprendre à votre compagnon le besoin que vous avez de son soutien, l'aide que vous attendez de sa part, vous pouvez lui faire lire ce texte (issu du blog www.marjoliemaman.com) avant ou après la naissance :

Cher amant, mari, ami, père de notre enfant ou futur enfant,

Nous avons choisi d'allaiter notre bébé à venir. Je dis nous car cette décision, même si elle vient de moi, a besoin de ta totale approbation. C'est moi qui vais le nourrir mais j'ai besoin de toi pour mener à bien cette mission, tout comme j'ai eu besoin de toi tout au long de la grossesse et comme j'aurai besoin de toi le jour de l'accouchement.

L'allaitement est une chose merveilleuse. C'est le prolongement de la grossesse. Mon corps qui a nourri ce bébé durant neuf mois va encore lui permettre de grandir et de s'éveiller.

Et toi, l'homme qui partage ma vie, le père de ce bébé, tu as un rôle très important à tenir tout au long de cet allaitement. Tu vas être celui sur qui je peux m'appuyer.

- *En salle d'accouchement, notre première décision de parents sera de mettre notre enfant au sein. Il doit y être mis dans les deux premières heures. N'hésite pas à demander au personnel médical que ce soit fait si je n'ose pas ou si je ne suis pas en état de le faire.*
- *En rentrant de la maternité, je serai certainement fatiguée. Toi aussi. Mais pour la bonne mise en place de mon allaitement, j'ai besoin de repos. Rappelle-moi aussi souvent que nécessaire de dormir en même temps que bébé. Fais les tâches ménagères avant même que l'idée ne me traverse l'esprit. La situation ne va pas durer éternellement mais ces premières semaines sont déterminantes. Aide-moi.*
- *La montée de lait pourra être désagréable. Comprends mon inconfort.*
- *Je peux avoir des crevasses ou des douleurs qui me décourageront. Soutiens-moi, encourage-moi.*
- *Ne laisse personne me dire que mon lait n'est pas bon. Le lait de chaque maman est adapté à son bébé. Rappelle-le moi car je risque de douter.*
- *Tu vas certainement me voir pleurer car « on » va peut-être me dire que je ne fais pas bien les choses, que je n'ai pas assez de lait ou que mon bébé ne prend pas assez de poids. Soutiens-moi, donne-moi confiance, sèche mes larmes. La confiance est d'une importance capitale pour la lactation. Rappelle-toi que la pesée peut être un moment stressant pour moi.*

- *J'aurai très soif, très souvent au début. Propose-moi un verre d'eau pendant que j'allaite, je te serais d'une grande reconnaissance.*
- *Après la tétée, je risque d'être fatiguée. La faute aux hormones qui me disent de me reposer... Ne m'en veux pas. Allaiter, c'est être assise mais c'est dépenser beaucoup d'énergie.*
- *Si j'allaite en public, aide-moi à m'installer, à être discrète, à cacher le petit morceau de peau que je n'ai peut-être pas envie de montrer.*
- *Une fois que l'allaitement sera bien installé, si tu en as envie, tu pourras donner des biberons de mon lait à notre enfant. Vous voir partager ce moment sera un grand bonheur pour moi.*
- *Ne sois pas jaloux de cette relation que j'entretiens avec notre bébé. Tu as ta place entre nous. Tu nous aimes et nous protèges. C'est grâce à ton regard bienveillant que je serai la meilleure des mamans.*

➔ Héritage familial

L'allaitement a quelque chose de très familial dans sa transmission.

Si une femme a vu les femmes de sa famille allaiter, elle sera plus spontanément attirée par ce mode d'alimentation pour son bébé. En revanche, si dans sa famille on se transmet de génération en génération un lourd héritage en rapport avec l'allaitement du style « je n'ai plus eu de lait au bout de 15 jours, c'est comme ça dans la famille », la pauvre jeune maman a toutes les chances de partir vaincue d'avance et d'échouer parce qu'on la destine à échouer. Si une mère dit cela à sa fille, elle reporte sur elle tout le poids des échecs des femmes des générations précédentes, c'est un peu comme si elle lui jetait un « mauvais sort ».

Si tel est votre cas, ne laissez pas votre mère vous faire douter de vous. Bien souvent, les allaitements familiaux dont on parle sont des échecs dus à une méconnaissance du système de production du lait. À certaines époques, allaiter à la demande était tout simplement inconcevable, il fallait rythmer le bébé, comme on impose un planning à un bébé au biberon. Cela ne permettait donc pas à l'allaitement de se mettre en place correctement. Avec de bons conseils, de la confiance en vous et beaucoup d'envie, vous allez réussir cet allaitement comme vous avez envie de le réussir (lire aussi le témoignage de Stéphanie, page 180).

Si vous avez dans votre famille une femme que vous avez vu allaiter avec bonheur et sérénité, tournez-vous vers elle et profitez de ses conseils bienveillants.

SCÈNE 2
Allaitement et famille

Si vous êtes déjà maman d'un ou plusieurs enfants, l'allaitement va prendre place au sein de votre famille. Vos enfants plus grands vont vous voir allaiter plusieurs fois par jour, cela va attiser leur curiosité. N'hésitez pas à en parler avec eux, à expliquer que votre corps qui a nourri le bébé pendant neuf mois continue par le biais de l'allaitement, qu'eux aussi, vous les avez nourris au sein... Vous pouvez leur montrer des photos de cette époque en leur donnant des détails. Cela vous permet de renouer avec ce moment du passé et de le partager d'une autre manière avec votre enfant qui a grandi.

Il est possible que l'enfant plus grand demande à téter... Oui, forcément, voir ce petit être qui a l'air de trouver ça si bon, ça lui fait envie. Et puis c'est un moyen de vérifier que vous êtes toujours bien sa maman à lui aussi. Même si cela vous fait frémir de voir toutes ces quenottes, essayez d'accepter sa demande. Proposez-lui simplement de goûter en lui rappelant tout de même qu'il n'est plus un bébé. La plupart du temps, il essayera une fois et cela suffira. Il pourra éventuellement juste s'approcher et finalement reculer en disant « beurk, c'est pour les bébés » ou dire « c'est bon » et ne plus jamais vous en parler ensuite. Le fait que vous accédiez à sa demande lui montre qu'il a toujours sa place dans votre cœur.

Une alternative est également de lui proposer quelques centilitres de lait maternel dans un verre pour qu'il goûte. Vous pouvez aussi refuser sa demande si elle vous met mal à l'aise. Voir également co-allaitement, page 165.

Il n'est pas rare de voir des petites filles, dont les frères et sœurs sont allaités, jouer à donner le sein à leurs poupées. Joli mimétisme. Ces petites filles, si elles souhaitent allaiter dans le futur, partent déjà avec un bel avantage.

Un premier allaitement permet de se poser tranquillement le temps de la tétée. Quand on allaite et que l'on a déjà des enfants, on découvre que finalement, on peut faire pas mal de choses en allaitant comme nourrir le plus grand, raconter une histoire, se déplacer d'une pièce à l'autre… Choses qui paraissaient impensables pour un premier ! Si vos enfants sont assez grands, demandez-leur assistance pour certaines choses : vous apporter un verre d'eau, un bavoir, prendre le bébé le temps qu'il fasse son rot… Ils sont en général ravis de participer.

➔ Allaitement et assistance

Qu'il est difficile de demander de l'aide et encore plus de savoir l'accepter ! Pourtant, pour mettre toutes les chances de votre côté de réussir votre allaitement, il ne faut pas hésiter à le faire. On le répète une fois de plus, le repos et la confiance en soi sont les maîtres mots pour lancer un allaitement sur de bons rails.

Si vous êtes bien organisée et si votre compagnon y met du sien, vous aurez rangé votre maison avant de partir à la maternité et vous devriez rentrer chez vous dans un environnement accueillant et propre. N'essayez pas de vouloir le conserver à tout prix en l'état, la priorité n'est pas là. La priorité va au repos.

Pendant quelques semaines, demandez au papa de faire vos tâches ménagères en plus de celles qu'il assure habituellement. Si vous pouvez compter sur vos parents ou votre famille, c'est le moment de vous faire assister.

Si vos moyens le permettent, embauchez une femme de ménage pour quelques semaines (cela peut même être un cadeau de naissance, sous forme d'une cagnotte), sinon demandez à vos amis un coup de main. Ils peuvent faire une foule de petites choses pour vous aider : passer à la pharmacie récupérer vos médicaments, vous livrer un petit plat cuisiné maison, passer un coup d'aspirateur... Les vrais amis sont ceux qui vous aident dans ces moments-là, ceux qui n'attendent pas que vous soyez au bord de l'explosion pour proposer leurs services. N'attendez pas que l'on vous dise « mais tu aurais dû me le demander, je t'aurais aidée ». Osez demander. C'est courageux de demander de l'aide et les amis à qui vous vous adressez se sentiront touchés d'être sollicités, car ils savent à quel point cela vous coûte certainement. Plus tard, vous leur rendrez la pareille.

SCÈNE 3
Le regard des autres

Dans notre société, il est de bon ton d'allaiter son nouveau-né. Les personnes d'un certain âge vous demandent d'ailleurs « vous le nourrissez ? », sous-entendu « vous lui donnez le sein ? ». Et à votre réponse affirmative vous disent « ah, c'est bien ». C'est ensuite que l'allaitement devient plus « problématique » dans le regard des autres. Allaiter un bébé jusqu'à ses 6 mois, c'est bien mais plus, cela semble parfois bien extraordinaire. Allaiter un bambin de plus d'1 an peut vous valoir des remarques salées et culpabilisantes. Voir une maman donner un biberon dans un magasin n'a jamais perturbé personne, mais si c'est une maman qui allaite son bébé au sein, cela peut se transformer en affaire d'État.

Drôle d'ambivalence d'une société sur un sujet qui entraîne des discussions assez surréalistes où chacun érige en exemple ses limites et ses convictions.

Le plus de la sage-femme

Ici, l'allaitement « doit » durer six mois et si vous faites moins ou plus, on vous regarde parfois avec un air de désapprobation. Dans d'autres pays, il dure plutôt un à deux ans et si vous allaitez six mois, on vous regarde aussi avec désapprobation... Bref, faites donc comme vous voulez !

Certaines personnes ont une vraie aversion pour l'allaitement. Le simple fait de voir une maman et son bébé au sein les dégoûte sans qu'elles puissent le plus souvent expliquer pourquoi. Certaines personnes sont simplement choquées de voir un morceau de chair ou un bout de sein. L'hyper-sexualisation de la poitrine dans nos sociétés et la représentation des femmes sexy aux poitrines surdimensionnées y sont certainement pour quelque chose.

Même si vous êtes à l'aise quand vous allaitez en présence d'autres personnes, essayez de ménager les sensibilités. Si vous connaissez l'aversion de quelqu'un pour l'allaitement, rien ne sert d'allaiter en sa présence. Cela ne changera probablement pas sa manière de voir. Si vous n'avez pas envie de changer de pièce, vous pouvez lui demander « ça te dérange si j'allaite mon bébé ? » de manière simple. En général, la personne vous répondra que « pas du tout » et, si vraiment elle est incommodée, elle changera de pièce. Certes, aucune maman ne demande l'autorisation de donner un biberon, mais l'allaitement est sujet à plus d'ambiguïté. Imposer son allaitement n'est pas la meilleure manière de faire évoluer les mentalités. Si vous en avez l'énergie et l'envie et si votre interlocuteur semble ouvert à la discussion, vous pouvez essayer de discuter du sujet. Expliquer votre opinion, vos choix de manière calme et claire est encore le meilleur moyen de faire évoluer les mentalités.

Ce qui est très pratique avec l'allaitement, c'est que vous pouvez sortir de chez vous, vous promener sans avoir à vous soucier de prendre les biberons pour le prochain repas, sans avoir à organiser le réchauffage du biberon. Il vous suffit de dégrafer votre soutien-gorge. Le seul « hic », c'est la gestion du regard des autres si vous allaitez dans un restaurant, un magasin ou un autre lieu fréquenté.

L'allaitement dans un lieu public n'est pas spécifiquement encadré par la loi, il n'y a aucune raison de penser qu'il est interdit ou que vous risquez quoi que ce soit en allaitant votre enfant dans un lieu public. Seul le regard des autres ou les remarques déplacées sont à craindre, surtout s'il s'agit d'un bambin qui marche ou parle, un sourcil réprobateur peut facilement se lever. Oui, allaiter est naturel mais cela perturbe notre société qui ne sait pas comment faire face à ces bouts de seins nourriciers qui se laissent entrevoir.

Entre également en ligne de compte votre pudeur. Certaines femmes n'ont pas de honte à montrer un bout de leurs seins qu'elles considèrent exclusivement comme nourriciers, d'autres ont des sueurs d'angoisse à l'idée de laisser dépasser un centimètre carré de peau.

Avec un peu de pratique, vous pouvez très bien allaiter sans que personne ne le remarque, cela vous évite les regards désagréables et les situations gênantes. Avec une tenue adaptée, il suffit de veiller à ce que l'on ne voit pas de peau, on pourra penser qu'il s'agit juste d'un câlin. Un lange jeté sur l'épaule sera également très efficace. Il existe aussi des châles d'allaitement mais s'ils cachent bien votre bébé et votre sein, ils ne laissent pas de mystère sur ce que vous êtes en train de faire.

Si vraiment cette situation vous angoisse lors des sorties, ne vous en privez pas pour autant. Vous trouverez sûrement un petit coin isolé pour allaiter. Pensez à la voiture, à un coin plus isolé du restaurant...

SCÈNE 4
Donner son lait

Votre lait est parfaitement adapté pour votre bébé mais l'est-il pour le bébé d'une autre femme ? Le don de lait doit se faire dans un cadre bien précis pour le bien de tous.

DONNER SON LAIT AU LACTARIUM

Si vous faites partie de ses femmes allaitantes qui ont du lait en quantité suffisante et que vous avez même l'impression de produire plus que ce que votre bébé peut boire, vous pouvez profiter de votre allaitement pour faire un geste qui sauve des vies : donner votre lait au lactarium.

Le lait maternel collecté par les lactariums est à destination des bébés nés prématurément. Les mamans de ces bébés ne veulent ou ne peuvent parfois pas tirer leur lait pour allaiter leur bébé qui est nourri par sonde. L'angoisse liée à un accouchement prématuré n'aide pas à la mise en route de l'allaitement, surtout quand les jeunes mamans se retrouvent seules face au tire-lait, leur bébé dans une couveuse. Le lait maternel étant la nourriture la plus adaptée et n'ayant pas d'équivalent synthétique, il représente un véritable or blanc pour les services de néonatologie. Les lactariums sont les seuls organismes en France à pouvoir collecter, traiter et distribuer le lait.

Pourquoi donner son lait? Parce que c'est un acte de solidarité qui sauve des vies, parce que c'est une chose valorisante pour vous-même, parce que c'est un don gratuit et parce que les lactariums font face à un manque cruel de donneuses.

Pour donner son lait, il faut répondre à quelques critères (qui peuvent différer un peu d'un lactarium à un autre), répondre à un questionnaire médical, être en bonne santé (une prise de sang est effectuée au début du don et tous les 3 mois), stériliser le matériel utilisé pour le recueil du lait et respecter des conseils d'hygiène stricts (laver les mains et le sein avant le recueil, etc.).

Concrètement, il s'agit de récolter au moins 100 ml de lait chaque jour. En général, il s'agit de tirer un peu de lait à la fin de chaque tétée pour faire un biberon complet à la fin de la journée. Pour être donneuse, il faut avoir un congélateur (et non pas un freezer) afin de congeler et de stocker le lait. Le collecteur passe tous les quinze jours ou tous les mois récolter votre production qu'il apporte ensuite au lactarium où il sera analysé, contrôlé, pasteurisé et redistribué.

Le protocole peut paraître contraignant, mais il est nécessaire pour offrir aux prématurés un lait de qualité irréprochable. Ça n'est pas forcément marrant de s'y plier, mais la fierté de pouvoir offrir à ces bébés qui en ont tellement besoin cet or blanc est la meilleure des récompenses. Parole de donneuse!

Si vous souhaitez donner votre lait, contactez le lactarium le plus proche de chez vous (voir page 190).

DONNER SON LAIT DIRECTEMENT : UNE PRATIQUE NON RECOMMANDÉE

Ces dernières années s'est développé un réseau de solidarité via Facebook. Certaines mamans considérant qu'elles n'ont pas assez de lait et souhaitant donner du lait maternel à leur bébé font appel à d'autres mamans qui ont des stocks de lait maternel qu'elles veulent bien partager. Si cela semble sympathique sur le papier, ce genre de démarches est à proscrire et sont d'ailleurs totalement interdites. Seuls les lactariums ont le droit en France de procéder à la collecte et à la distribution du lait maternel. L'association des lactariums de France a publié un communiqué en 2011 pour souligner le danger de telles pratiques : « Il est important de rappeler les risques consécutifs à l'ingestion de ce type de lait maternel distribué dans des conditions non réglementées. Ces risques sont d'ordre infectieux, puisque le lait peut être contaminé par des bactéries ou des virus :

- **Les bactéries en cause sont le plus souvent des staphylocoques,** mais aussi des streptocoques. Ces germes ingérés en quantité importante dans le lait maternel peuvent provoquer des infections sévères (septicémie, méningite) chez le nouveau-né.
- **L'autre risque est viral.** Ainsi, les virus de l'hépatite B, de l'hépatite C, de l'immunodéficience humaine (VIH) et le virus T-lymphotrophique (HTLV) peuvent être transmis via le lait maternel. Tous ces virus peuvent provoquer des maladies graves à court terme, mais aussi à beaucoup plus long terme. »

→ Allaiter le bébé d'une autre

C'est un des grands tabous de l'allaitement… Allaiter le bébé d'une autre ou laisser son bébé boire au sein d'une autre, chaque maman a sa propre conviction intime sur le sujet. Même si pendant des générations, des nourrices ont donné leur lait aux enfants des autres, même si cela paraît naturel, même si c'est pratiqué dans les villages africains, allaiter un bébé qui n'est pas le sien n'est pas une pratique recommandée. En effet, certaines infections ou virus (comme le VIH ou hépatite B) passent dans le lait.

Notes

acte 7

Allaiter et travailler

Ouverture

La fin du congé maternité, c'est bien souvent ce qui décourage certaines femmes : « Je ne vais pas commencer à allaiter, je reprends le travail dans 2 mois et demi, ça va me créer trop de complications pour si peu de temps et si peu de bénéfices ». Oui, on associe souvent la reprise du travail avec l'arrêt de l'allaitement, mais l'un n'induit pas l'autre de fait. Si vous souhaitez tout de même sevrer votre bébé avant la reprise de votre activité, rendez-vous page 169 pour le chapitre sur le sevrage.

SCÈNE 1
Se préparer en amont

Travail ne rime plus forcément avec sevrage comme il y a quelques années. Si vous voulez continuer à allaiter, c'est une chose tout à fait possible même si elle nécessite un peu d'organisation et de motivation. Cela devient un acte de plus en plus courant et de mieux en mieux accepté dans le monde du travail.

Évidemment, chaque femme se verra confrontée à des difficultés différentes suivant son histoire avec l'allaitement, suivant son corps, suivant son employeur, suivant la nature et le lieu de son travail et suivant encore bien d'autres paramètres.

Continuer à allaiter en travaillant peut sembler un peu acrobatique et contraignant. Pourtant, malgré les difficultés, cela apporte beaucoup de satisfaction.

Continuer à allaiter en reprenant la vie active vous permet de conserver ces moments si intimes, doux et précieux que vous partagez avec votre bébé lors des tétées. Cela entretient le lien fort qui vous unit et vous donne le sentiment de continuer à materner au mieux. Le plaisir intense de la tétée des retrouvailles en fin de journée est une belle manière de se montrer réciproquement que l'on est heureux de se retrouver. Sentir la chaleur de votre sein tiède sur sa joue et le lait chaud qui coule dans sa gorge apporte un fort sentiment de confiance et de réconfort à votre bébé.

En continuant à allaiter vous faites bénéficier votre enfant de tout ce que votre lait a de bon pour fortifier sa santé et pour affronter les maladies. La vie en collectivité avec d'autres enfants apporte son lot de maladies infantiles et de virus, vos anticorps contenus dans le lait l'aideront à mieux les affronter.

COMMENT RETARDER SA REPRISE DU TRAVAIL ?

Vous aurez peut-être envie de reprendre le travail le plus tard possible pour prendre le temps d'être aux côtés de votre bébé et pour continuer le plus facilement possible à le nourrir avec votre lait. Cela peut aisément se comprendre. Vous pouvez mettre en place différentes choses pour décaler dans le temps au maximum votre reprise.

Si votre grossesse se déroule au mieux et que votre médecin n'y voit pas d'inconvénient, vous pouvez travailler plus longtemps avant l'accouchement et décaler ainsi les jours non pris pour rallonger la période post-natale. Pour un premier bébé, la loi prévoit 16 semaines de congé soit 6 semaines avant et 10 semaines après, mais vous pouvez alors le transformer en 3 semaines avant et 13 semaines après.

La loi ne prévoit pas de congé supplémentaire pour allaitement. En cas de grosse fatigue post-natale ou de carence importante en fer par exemple, votre médecin pourra tout de même vous donner un arrêt maladie d'une ou plusieurs semaines s'il le juge nécessaire.

Vous pouvez coller vos congés payés ou autres RTT et heures supplémentaires à récupérer à votre congé maternité ce qui vous permet de bénéficier d'une période plus longue sans séparation avec votre bébé. Prenez rendez-vous avec la personne chargée des ressources humaines avant votre départ en congé maternité afin de voir avec elle de quelle manière vous pouvez organiser cela au mieux.

Il reste également la possibilité de prendre un congé parental qui vous permet de bénéficier d'une aide financière si vous avez un an d'ancienneté dans votre entreprise à la naissance de votre enfant. Vous pouvez bénéficier d'un congé parental de 6 mois pour un premier bébé et allant jusqu'à 3 ans (avec différentes modalités et durées) à partir du deuxième enfant. Durant ce congé, votre contrat de travail est suspendu, ce qui vous permet de retrouver votre poste à votre retour. Pour plus d'informations, contactez votre caisse d'allocations familiales.

Le droit du travail

La loi prévoit que vous pouvez allaiter votre bébé durant les heures de travail jusqu'au 1 an de votre enfant. Vous bénéficiez d'une heure de réduction du temps de travail par jour répartie en 30 minutes le matin, 30 minutes l'après-midi. Ces périodes sont réduites à 20 minutes si votre employeur met à votre disposition une salle dédiée à l'allaitement (obligation des entreprises de plus de 100 salariés).

Avec votre employeur, vous déterminez les périodes où votre travail s'arrête pour allaiter.

Pour en savoir plus, consultez le site officiel de l'administration française : http://vosdroits.service-public.fr/particuliers/F1769.xhtml

Malheureusement, il existe certains métiers où ces dispositions légales sont difficilement mises en place.

À noter que certaines conventions collectives prévoient des dispositions plus avantageuses, notamment en termes de rémunération. Renseignez-vous pour savoir de quelle convention vous dépendez éventuellement.

Le plus de la sage-femme

À moins que votre bébé ne soit gardé dans la crèche de l'entreprise, en 30 minutes, on a rarement le temps de faire l'aller et retour jusqu'au lieu de garde de son enfant et en plus de lui donner une tétée. Mais, par contre, cette demi-heure peut être utilisée pour se reposer (salle de repos, infirmerie, etc.) et/ou tirer son lait (pour stimuler sa lactation).

QUEL TYPE D'ALLAITEMENT ?

Si vous souhaitez continuer à allaiter votre bébé, deux possibilités s'offrent à vous : l'allaitement exclusif ou l'allaitement mixte.

Vous pouvez donner exclusivement du lait maternel en allaitant votre enfant quand vous êtes avec lui et en lui faisant donner le lait que vous aurez tiré et stocké à l'avance ou que vous tirerez au fur et à mesure chaque jour au travail.

Il est également tout à fait possible d'allaiter votre bébé quand il est près de vous et de lui faire donner des biberons de lait artificiel quand il est gardé, ce qui vous évite d'avoir à tirer votre lait sur votre lieu de travail. Dans ce cas, la lactation sera peut-être plus difficile à conserver sur le long terme.

Le plus de la sage-femme

Dans ce dernier cas, vous ne pouvez sans doute donner qu'une ou deux tétées par jour. Donc soit la lactation se maintiendra encore quelques semaines, soit vous sentirez qu'elle baisse en quelques jours et que vous n'avez plus beaucoup de lait pour la tétée du soir.

Peu importe. Vous pouvez décider de poursuivre ce moment de retrouvailles avec votre bébé aussi longtemps que vous le souhaitez, si ça vous fait du bien à vous et à votre enfant. Par contre, il faudra prévoir un biberon de complément avec du lait en poudre pour compléter sa ration du soir.

Dans les deux cas, profitez du matin et des retrouvailles du soir pour mettre votre bébé au sein au maximum. Idem pour les week-ends, mettez votre enfant au sein dès qu'il réclame à manger. Cela permettra à votre lactation d'être stimulée. En cas d'allaitement mixte, commencez par proposer un sein puis l'autre et complétez avec un biberon si votre enfant ne semble pas rassasié.

Dans les deux cas également, veillez à ne pas oublier de prendre des coussinets d'allaitement, un top de rechange et votre tire-lait. Une fuite de lait au travail ou un engorgement sont des incidents de parcours classiques rencontrés par la maman active allaitante alors mieux vaut prévenir !

SCÈNE 2
Comment faire en pratique ?

Vous ne risquez rien à tenter l'aventure pour quelques semaines afin de voir si vous trouvez une organisation et si cela vous convient à vous et à votre bébé.

DONNER LE SEIN AU TRAVAIL

Si la personne qui garde votre enfant peut l'accompagner jusqu'à vous sur votre lieu de travail, vous pouvez alors nourrir votre enfant directement au sein. Cela vous permet de maintenir une stimulation maximale par rapport au tire-lait et cela vous offre aussi un contact-câlin avec votre bébé qui peut vous faire du bien au milieu d'une longue journée de travail. Attention tout de même au coup de blues post-tétée et à ce que les séparations répétées ne soient pas vécues de manière déchirante par votre enfant.

Si votre bébé est gardé par une crèche d'entreprise sur votre lieu de travail, vous pourrez également allaiter votre bébé directement et profiter d'un moment de tendresse. À condition que la structure qui garde votre bébé accepte, renseignez-vous à l'avance.

TIRER SON LAIT AU TRAVAIL

La première question qui se pose bien souvent est : où ? Oui, où diable est-il possible de tirer son lait au bureau ? Si vous êtes dans une société de plus de 100 salariés, vous offrir un local d'allaitement dans de bonnes conditions de chauffage et d'entretien avec un point d'eau est une obligation de votre employeur. Sinon, s'il y a une infirmerie, cela peut être le lieu idéal pour tirer votre lait en toute tranquillité.

Cependant, cela n'est pas toujours le cas et si vous travaillez dans une plus petite structure, il faudra ruser. L'idéal est d'avoir un bureau individuel avec une porte qui ferme à clé. Si vous partagez votre espace de travail avec d'autres personnes, demandez-leur si cela les dérange que vous vous isoliez dans la pièce durant leur pause-déjeuner pour tirer votre lait. Cela vous offrira un moment dans votre journée pour tirer tranquille. Il faudra ensuite décaler votre propre pause-déjeuner et trouver un autre espace si vous devez tirer deux fois par jour.

Une autre solution est de tirer son lait aux toilettes. Cette solution n'est vraiment pas idéale, car vous risquez d'être dérangée. De plus, les conditions d'hygiène pour tirer son lait sont difficilement correctes. Lavez-vous les mains avant d'entrer dans les toilettes si elles ne sont pas équipées de lavabos puis passez-les à la solution hydro-alcoolique avant de sortir votre matériel et de tirer.

Procédez ensuite au tirage de votre lait comme expliqué page 65.

Un tire-lait double-pompage électrique sera plus rapide qu'un tire-lait manuel, mais également plus bruyant. À vous de voir si l'endroit où vous vous installez est bien insonorisé et si cela vous pose un problème.

Le plus de la sage-femme

Il existe maintenant à la location des tire-lait électriques plus compacts, comme par exemple le modèle Calypso de Ardo (500 g), et surtout plus légers que les tire-lait traditionnels (plusieurs kilos).

En effet, les tire-lait électriques suffisamment performants et disponibles à la vente sont encore un peu chers (environ 150 €).

www.grandir-nature.com

Pour le stockage du lait, demandez l'autorisation de conserver le lait dans un réfrigérateur disponible sur votre lieu de travail ou investissez dans une petite glacière avec des pains de glace.

En ce qui concerne le transport du lait, pour ne pas rompre la chaîne du froid, le mieux est d'investir dans une valisette de transport ou une glacière isotherme agrémentée d'un pain de congélation.

Si votre travail nécessite des déplacements fréquents, à vous de voir si votre rythme est compatible avec le prolongement de l'allaitement sur le long terme. Si vous en avez très envie, nul doute que vous réussirez. Vous pouvez également consulter la page 75, « S'absenter quelques jours et continuer à allaiter ».

➜ Quelle quantité donner pour un repas ?

Avant 6 mois, un bébé consomme environ 800 ml de lait par jour. Au sein, impossible de savoir combien il prend pendant un repas.

Ensuite, jusqu'à 1 an, on considère qu'un enfant qui boit 500 ml de lait par jour reçoit les apports nécessaires à sa bonne croissance.

À vous de faire les mathématiques en divisant la quantité par le nombre de repas par jour et d'adapter également en fonction des retours de la personne qui garde votre enfant.

Il arrive que les personnes qui gardent votre enfant soient anxieuses par peur de manquer de lait. Si possible, laissez-leur toujours un biberon supplémentaire au congélateur pour qu'elle ne se retrouve pas dépourvue en cas de biberon renversé ou de grosse faim ! Si ce n'est pas possible, car il n'y a pas de congélateur, apportez une boîte de lait en poudre. Cela pourra rassurer la personne, comme le ferait un filet de sécurité. Si votre enfant est déjà diversifié, un autre aliment (petit suisse ou même compote) pourra faire office de repas de remplacement si besoin.

Le plus de la sage-femme

Avant 6 mois, pour avoir une idée approximative de la quantité à prévoir par biberon, vous pouvez sortir vos calculettes : il suffit de diviser le poids de votre enfant (en grammes) par 10, puis ajouter 250. C'est la règle d'Appert.

Par exemple pour un enfant de 6 kg, c'est-à-dire 6 000 grammes : (6000 / 10) + 250 = 850 ml de lait, en tout, par jour.

Il ne reste plus qu'à diviser en 5 ou 6 repas (sein ou biberon) pour avoir une idée de la quantité à prévoir par biberon :
5 x 170 ml ou 6 x 140 ml par exemple.

Ne jamais perdre de vue que, selon les bébés, les appétits pourront être plus grands ou plus petits. Donc prévoir large et rester adaptable.

SCÈNE 3
S'organiser selon le mode de garde

UN BÉBÉ ALLAITÉ EN CRÈCHE

Aucun souci si vous allaitez en mixte. Les biberons de lait artificiel seront donnés quand votre enfant sera à la crèche. En ce qui concerne la tétée de retrouvailles du soir, demandez à la direction l'autorisation de donner le sein sur place avant de le faire de manière spontanée, car cela pourrait vous valoir des remarques.

Cela peut se corser si vous allaitez exclusivement. Les crèches n'ont pas d'obligation légale d'accepter votre lait, mais certaines localités ont pris des dispositions pour que les biberons de lait maternel soient acceptés. La ville de Paris a, par exemple, édité une brochure spécialement pour les mamans qui veulent faire donner leur lait en crèche : www.paris.fr/viewmultimediadocument?multimediadocument-id=23930

Une fois l'inscription de votre enfant en crèche validée, prenez rendez-vous avec la direction pour parler de votre désir de confier votre lait maternel. Cette demande sera peut-être acceptée en toute simplicité ou avec réticence. Vous pourrez alors rassurer la direction en expliquant les grandes règles d'hygiène et de conservation du lait. Si votre demande essuie un refus catégorique, à vous d'essayer avec la plus grande diplomatie de faire changer les choses.

Dans la pratique, il vous suffira d'apporter les biberons de votre lait dans un sac ou une glacière isotherme chaque matin. Ils seront mis au réfrigérateur et donnés à votre enfant au cours de la journée. Étiquetez soigneusement vos biberons avec le nom, le prénom et le jour où le lait a été tiré pour que tout soit clair et facile à interpréter.

UN BÉBÉ ALLAITÉ CHEZ L'ASSISTANT MATERNEL

Tout passe également par le dialogue. Demandez dès l'entretien à l'assistant maternel si il/elle voit une objection à donner votre lait maternel à votre bébé. Expliquez-lui vos raisons si vous en avez envie et exposez-lui comment cela se passe concrètement. Même s'il est compliqué de trouver un assistant maternel en totale adéquation avec votre mode d'éducation, qu'il/elle se montre ouvert à cette pratique signifie que vous partagez des valeurs communes ou, en tout cas, qu'il/elle a une ouverture d'esprit capable de comprendre votre choix. Et cela sera un allié encore plus précieux au quotidien.

Dans la pratique, il vous suffira d'apporter les biberons de votre lait dans un sac ou une glacière isotherme chaque matin. L'assistant maternel les laissera au réfrigérateur et les donnera à votre enfant au cours de la journée. Étiquetez soigneusement vos biberons avec le nom, le prénom et le jour où le lait a été tiré pour que tout soit clair et facile à interpréter.

Nous vous conseillons également la lecture du livre très complet « Allaiter et reprendre le travail » de Véronique Darmangeat paru chez Chronique Sociale (2012).

Comme à chaque fois que l'allaitement vous pose question ou problème, tournez-vous vers une conseillère en lactation qui pourra vous aider à trouver des solutions.

acte
8

Les cas particuliers

Ouverture

S'il n'y a pas deux allaitements identiques, certains allaitements sont tout de même un peu plus particuliers que d'autres ou rencontrent des obstacles peu courants. Bien souvent, on conseille à ces mamans d'arrêter d'allaiter pour se faciliter la vie en mettant de côté tout ce que l'allaitement leur apporte.
La société actuelle a tendance à voir l'allaitement comme une complication supplémentaire au lieu de mettre en place des choses pour maintenir l'allaitement.
Il y a effectivement beaucoup de situations où il semble plus facile d'arrêter d'allaiter ou même de ne pas essayer. À vous de voir quelle est votre motivation, quelles sont vos envies et de réfléchir aux conséquences de votre décision. Réussir à allaiter son enfant alors que cela semble compliqué implique une grande confiance en soi mais est également quelque chose de très valorisant.

SCÈNE 1
Selon votre état de santé

Allaiter est une action directement en rapport avec le corps. Si vous êtes malade, si vous avez des douleurs, cela peut se répercuter sur votre allaitement.

ALLAITER APRÈS UNE CÉSARIENNE

L'accouchement par césarienne n'est pas un frein à l'allaitement mais mieux vaut anticiper la chose. En cas de césarienne, prévenez l'équipe médicale que vous souhaitez allaiter. Demandez si une mise au sein rapide en salle de réveil est possible.

Chargez le papa d'être votre voix, car vous serez peut-être trop épuisée ou trop inquiète. Dans de très rares cas, il se peut aussi que vous ayez une anesthésie générale en urgence donc expliquez clairement votre désir d'allaiter quand vous en avez l'occasion. Demandez à ce que votre bébé ne soit pas supplémenté en eau sucrée ou en lait artificiel ou que cela soit fait à la seringue si vraiment c'est nécessaire.

La première mise au sein peut être difficile en raison de la douleur due à l'opération. Demandez à être assistée à ce moment-là par une sage-femme ou une puéricultrice afin de trouver une position confortable et d'avoir quelqu'un pour vous soutenir physiquement si vous avez peur de ne pas être capable de le faire.

La cicatrice va provoquer des douleurs durant quelques jours, mais ces douleurs doivent être prises en charge par un traitement antalgique adapté. N'hésitez pas à signifier à votre sage-femme si vous souffrez. Cette douleur va vous empêcher de porter votre bébé ou de le changer les premiers jours, le papa joue alors un rôle clé. Plus le papa sera à vos côtés pour vous épauler et vous apporter le bébé aux signes d'éveil, plus les mises au sein seront facilitées, plus votre allaitement sera lancé sous de bons auspices. Certaines maternités permettent aux papas de dormir sur place, c'est un vrai plus. Si tel n'est pas le cas, appelez quelqu'un dès que vous pensez qu'il faut mettre bébé au sein sans avoir peur de déranger.

Le plus de la sage-femme

Même si ce n'est pas prévu pour (pas de matelas), votre conjoint peut toujours insister et rester dans la chambre pour être près de vous et de votre enfant pendant cette première nuit, surtout si vous avez une chambre seule. Mais ça risque de ne pas être très confortable, car il n'aura bien souvent qu'un fauteuil pour somnoler. C'est à vous de voir comme c'est le mieux pour vous trois.

Si jamais le papa ne peut pas être à vos côtés, demandez à une personne de confiance (mère, sœur, amie...) de rester auprès de vous au maximum pour vous assister.

La montée de lait est parfois retardée après une césarienne, il ne faut pas s'en soucier et mettre au sein le bébé le plus souvent possible. Cependant, cela peut entraîner une perte de poids ou une reprise de poids pas assez rapide au goût de l'équipe médicale. Tenez bon, c'est normal. Plus votre bébé tétera souvent, même des petites tétées, courtes mais répétées, plus votre montée de lait arrivera vite et plus votre bébé reprendra du poids.

Privilégiez au maximum le peau à peau de longues heures avec votre bébé.

La césarienne peut être très mal vécue par certaines mamans qui se sentent dépossédées de leur accouchement. Le succès de l'allaitement permet de se réapproprier cette maternité vécue comme défaillante et, dans certains cas, de pardonner à son corps qui a « trahi » et n'a pas mené sa mission à bien dans l'esprit de la maman.

Pour plus d'informations, vous pouvez vous rendre sur le site de l'association Césarine, une association d'échanges, de soutien et d'information autour de la naissance par césarienne qui propose une page de conseils dédiés à l'allaitement : www.cesarine.org/apres/allaitement/

MAMELONS RÉTRACTIFS OU OMBILIQUÉS

Les mamelons ombiliqués rentrent si on presse sur l'aréole. Les mamelons rétractifs eux ne pointent pas quand ils sont stimulés par le toucher ou le froid. Ces deux cas n'empêchent pas d'allaiter un bébé. L'essentiel est alors que la peau soit bien souple pour que le bébé puisse prendre le sein et téter.

Vous pouvez exprimer votre lait manuellement pour faire couler le lait afin que votre bébé repère sa source et s'oriente vers le mamelon pour le prendre en bouche.

Vous pouvez éventuellement les premiers temps et lors de la montée de lait tirer un peu de lait juste avant la tétée pour que le mamelon sorte plus franchement.

Signalez cette spécificité lors des cours de préparation à l'accouchement et au service de suites de couches qui vous accueille.

Ne laissez personne vous dire que c'est incompatible avec l'allaitement, car ce n'est pas vrai.

Le plus de la sage-femme

On peut éventuellement essayer la niplette avant ou au début de la grossesse pour aider le téton à sortir : il s'agit d'un petit capuchon placé sur le téton et dans lequel on aspire l'air pour « tirer » le téton un peu plus chaque jour.

www.lllfrance.org/Allaiter-Aujourd-hui/AA-35-Gadgets-de-l-allaitement.html?q=niplette

Démonstration sur You Tube :
www.youtube.com/watch?v=f97JYvlFvMk

ALLAITEMENT ET TRAITEMENT MÉDICAL DE LA MAMAN

La plupart des médicaments passent dans le lait et peuvent donc potentiellement agir sur le bébé. Cependant, ces quantités sont très faibles. Donner un traitement médicamenteux à une maman allaitante oblige les médecins à se renseigner et à vérifier la compatibilité des deux. Souvent, étant donné que les recherches sont assez maigres sur la question, les médecins invoquent le principe de précaution et demandent l'arrêt de l'allaitement. À vous alors d'insister pour continuer à allaiter si c'est votre désir pour que votre médecin se penche plus sérieusement sur la question. Dans le cas des cancers en revanche, les traitements lourds comme les chimiothérapies contre-indiquent l'allaitement.

Dans la plupart des cas, il est possible de trouver un traitement compatible avec l'allaitement. Pour cela votre médecin ne doit pas se contenter de consulter le Vidal, il peut en revanche se tourner vers le CRAT (www.crat.fr) ou la Leche League pour envisager au mieux votre traitement.

ALLAITEMENT ET HOSPITALISATION DE LA MAMAN

Vous pouvez lors de votre allaitement être hospitalisée. Il peut s'agir d'une hospitalisation prévue ou bien d'une hospitalisation en urgence.

Dans le cas d'une hospitalisation prévue qui ne peut être décalée après l'allaitement, prenez les devants. Tirez du lait et congelez-le pour que votre bébé continue à boire du lait maternel, organisez les visites pour que vous puissiez l'allaiter.

À l'hôpital, prévenez tout de suite l'équipe médicale que vous allaitez et que vous souhaitez continuer. Emportez avec vous votre tire-lait afin de vous désengorger et de continuer à stimuler votre sécrétion lactée.

Si vous devez être opérée, l'anesthésie qu'elle soit locale ou générale ne représente pas une nécessité d'arrêt de l'allaitement. Vous pouvez même allaiter dès que vous êtes réveillée après l'anesthésie générale.

Le plus de la sage-femme

De même pour les anesthésies dentaires : contrairement à ce qu'on pouvait recommander – par méconnaissance – il y a encore quelques années, aucune anesthésie dentaire ne contre-indique la poursuite de l'allaitement.

➔ Allaitement et grossesse

Si vous tombez de nouveau enceinte, vous pouvez continuer à allaiter durant votre grossesse si vous le souhaitez. Les études actuelles ne montrent pas de danger pour le développement de l'embryon puis du fœtus. En revanche, en cas de fausses couches précédentes, la question de l'allaitement pendant la grossesse peut se poser en raison de l'imprégnation hormonale pour éviter une récidive. Tout cela est à discuter avec votre médecin.

Le lait peut changer de goût et être un peu moins abondant, surtout en fin de grossesse, ce qui fait que votre enfant l'appréciera peut-être moins ou se trouvera frustré par le peu de quantité. Il arrive souvent que certains enfants arrêtent de vouloir téter quand leur maman est enceinte.

De votre côté, si la grossesse vous rend plus sensible au niveau de la poitrine, la tétée peut être désagréable ou même carrément douloureuse.

SCÈNE 2
Selon l'état de santé de votre bébé

Vous vous demandez si c'est bon d'allaiter votre bébé malade ? Oui, trois fois oui, allaiter un bébé malade c'est l'aider à guérir et à affronter les maladies en lui apportant des anticorps et bien plus.

ALLAITEMENT ET MALADIE DU BÉBÉ

En cas de fièvre, donnez le sein régulièrement pour éviter la déshydratation. Attention, toute fièvre chez un bébé de moins de 6 mois, qui plus est allaité, doit vous conduire à consulter un médecin en urgence.

En cas de vomissements, le lait maternel très digeste permet au bébé d'assimiler rapidement quelque chose. Proposez le sein fréquemment pour des tétées de courte durée, cela limite les vomissements.

En cas de diarrhée, le lait maternel évite la déshydratation. Proposez le sein de manière fréquente pour des petites tétées. En cas de déshydratation sévère, continuez à donner le sein en plus des SRO (soluté de réhydratation orale).

En cas de bronchiolite, toux, otite, rhume ou autre affection ORL, votre bébé aura peut-être du mal à téter car cela lui fait mal à la gorge, aux oreilles ou qu'il est encombré. Proposez-lui le sein régulièrement pour de petites tétées ou donnez-lui à la seringue.

Pour les otites, faites gicler quelques gouttes de lait maternel dans l'oreille, même chose mais dans le nez pour les rhumes ! Les propriétés anti-infectieuses du lait peuvent être exploitées également de cette manière.

En cas de conjonctivite, instillez quelques gouttes de lait maternel dans les yeux directement depuis votre sein et renouvelez plusieurs fois par jour.

En cas de RGO (reflux gatro-œsophagien), on conseille bien souvent le passage au lait artificiel, épaissi. Pourtant, le lait maternel se digère mieux et diminue donc le reflux.

Le plus de la sage-femme

De plus, le lait maternel évite l'irritation de l'œsophage du bébé lors d'une remontée de lait plus ou moins acide de l'estomac, et empêche aussi une réaction inflammatoire au niveau du nez et de toute la zone ORL.

De manière générale, si votre bébé a du mal à téter, tirez votre lait durant quelques repas et proposez-lui à la seringue, à la cuillère, à la tasse ou au biberon s'il est déjà familier et qu'il ne fait pas de confusion.

En ce qui concerne les affections de longue durée, l'allaitement est en général tout à fait indiqué et les pathologies nécessitant son arrêt sont rares.

ALLAITEMENT ET HOSPITALISATION DU BÉBÉ

Si l'état de santé de votre enfant nécessite une hospitalisation, l'allaitement sera un atout pour lui. Dans les services pour nourrissons, on fournit des lits en priorité aux mamans allaitantes pour qu'elles puissent passer la nuit auprès de leur bébé. Dans les services pour enfants plus grands, l'allaitement peut être moins bien vu et on peut même chercher à vous le reprocher, malheureusement. Quel que soit le cas de figure, exprimez clairement votre choix d'allaiter et de continuer à allaiter votre enfant.

Vous avoir à ses côtés permet à votre enfant de bénéficier de votre lait mais également du contact rassurant et du réconfort que lui procure le sein alors qu'il est dans un environnement qui peut être inquiétant.

Si votre enfant n'est pas en état de boire ou de manger, tirez votre lait et stockez-le pour plus tard. Si votre bébé peut être nourri par sonde ou au biberon, demandez à ce que ce soit votre lait qui lui soit donné.

Lors des prises de sang ou autres soins, vous pouvez mettre votre bébé au sein pour qu'il soit calme et réconforté. La tétée a un effet analgésique et calme les douleurs.

Le plus de la sage-femme

En mettant votre enfant au sein pendant un soin douloureux, une prise de sang par exemple, n'écoutez pas ceux qui vous diraient que votre enfant va assimiler le sein à la douleur. Faites-lui confiance, il sait ce qui est bon pour lui.

Durant cette période, prenez soin de vous. Il est compliqué de boire, de manger, de dormir correctement quand on a un enfant hospitalisé, sans parler des angoisses que vous nourrissez pour votre enfant. Mais une maman en forme est beaucoup plus utile qu'une maman au bord de l'épuisement.

ALLAITER UN BÉBÉ PRÉMATURÉ

L'allaitement d'un bébé prématuré permet à la maman de continuer ce que son corps faisait – faire grandir le bébé –, et qui a été interrompu. Cela peut être vécu comme la réparation ou une aide à combler le manque des semaines de grossesse non effectuées.

Un bébé est considéré comme prématuré lorsqu'il naît avant le terme de 37 semaines d'aménorrhées (c'est-à-dire avant le début du 9e mois). Suivant le terme, le bébé peut prendre le sein plus ou moins facilement, car c'est aux alentours de 35 semaines d'aménorrhées que le réflexe de succion se met en place. S'il peut bénéficier du lait de sa mère par sonde, par biberon ou directement à la source, c'est un atout sérieux pour son bon développement. Le lait maternel est ce qu'il y a de plus adapté pour les bébés, on le sait, mais l'argument est encore plus vrai quand on parle des bébés prématurés. C'est d'ailleurs l'aliment que l'on donne aux bébés nés avant 32 semaines d'aménorrhées. Soit on leur donne le lait collecté par leur maman, soit on fait appel aux réserves du lactarium.

Si vous accouchez d'un bébé prématuré, l'allaitement ne sera certainement pas tout rose, vous passerez de longs moments face à votre tire-lait, mais c'est l'une des meilleures choses que vous pouvez donner à votre enfant pour l'aider à faire face aux difficultés liées à la prématurité.

À la naissance, les bébés prématurés sont bien souvent emmenés rapidement pour être examinés par le pédiatre. Signifiez tout de suite que vous voulez allaiter votre bébé. Il recevra peut-être de la nourriture (lait maternel ou lait préma) via une sonde lors de ses premiers jours de vie pendant que vous lancerez votre lactation. Il est très rare de pouvoir donner une tétée de bienvenue à un bébé prématuré, car le bébé n'a que rarement le réflexe de succion et il doit être transféré au plus vite dans le service de néonatalogie.

Dans ce cas, équipez-vous d'un tire-lait et tirez votre lait toutes les 2 à 3 heures. Les débuts risquent de donner de bien maigres résultats, mais de 10 ml, vous passerez à 20, puis à 30… C'est normal, votre bébé est né en avance, votre corps a besoin de temps pour se mettre en route et, de toute façon, un si petit bébé boit de petites quantités.

On conseille parfois de tirer la nuit en mettant son réveil. Mais, quand on a un bébé prématuré, il est important de se reposer. Alors tirez votre lait juste avant de vous coucher puis dès votre réveil. Le lait collecté est analysé régulièrement pour voir s'il ne contient pas de bactérie puis est donné à votre bébé via la sonde ou à la seringue. Demandez à ce qu'on ne lui donne pas de biberon pour mettre toutes les chances de votre côté lors de la mise au sein. En ce qui concerne la sucette, l'idéal pour l'allaitement serait qu'il n'en prenne pas, mais il semble qu'un prématuré trouve beaucoup de réconfort en tétant et les sucettes sont utilisées pour l'apaiser durant les différents soins comme les prises de sang.

Vous ne pourrez peut-être pas le mettre au sein tout de suite, c'est l'équipe médicale qui vous donnera le feu vert.

Les premières mises au sein n'ont pas de visées alimentaires. Il s'agit surtout de faire connaissance, de le laisser découvrir le sein, de voir où en est son réflexe de succion. S'il ne tête pas ou s'il semble très fatigué, faites perler quelques gouttes de lait et déposez-lui sur les lèvres. Laissez-le dans l'odeur de votre sein et faites autant de peau à peau que vous le pouvez. Au fil des tétées, stimulez-le de plus en plus, caressez son crâne et surtout, encouragez-le. Il faut savoir que l'allaitement d'un prématuré ressemble souvent à des montagnes russes et qu'un jour ne ressemble pas à un autre. Il faut s'armer de patience, de courage et surtout, avoir confiance en soi et en son bébé.

Le plus de la sage-femme

Dès que possible proposez la tétée en peau à peau pour stimuler son réflexe de succion.

Dans les services de néonat', les tétées se font sous contrôle de la balance. On pèse le bébé avant et après son repas. Ainsi, on sait s'il faut compléter ou non. Si vous apportez le lait que vous tirez chez vous, il pourra être donné lorsque vous n'êtes pas là ou même donné en complément après une tétée.

Plus vous êtes présente pour donner le sein à votre bébé directement, mieux votre allaitement se mettra en place et plus votre bébé profitera de votre présence. Deux atouts pour aller mieux.

L'utilisation des bouts de seins peut être utile si le bébé a du mal à téter (voir page 48). Le lait coule plus facilement et il peut boire sans trop se fatiguer. La pression du bout de sein sur son palais l'aide à téter plus vigoureusement.

Comme énoncé plus haut, la confiance en vous et votre bébé sera la clé de cette réussite. Il est également capital de se reposer.

ALLAITER DES JUMEAUX

Cela peut paraître un peu fou mais oui, on peut très bien allaiter des jumeaux ou même des triplés ! Le discours de certaines personnes tendra peut-être à vous décourager parce qu'avec deux enfants du même âge, les premiers mois sont extrêmement exigeants, mais la multitude de mamans de jumeaux ayant mené leur allaitement à bien doit vous encourager et vous motiver si vous avez envie de le faire. Dites-vous aussi que donner le sein va vous éviter de vous lever en pleine nuit pour aller préparer les biberons et que cela sera tout autant de vaisselle en moins ! C'est également une économie non négligeable du côté du porte-monnaie.

Il existe deux écoles en ce qui concerne l'allaitement des jumeaux. Soit on fait à la demande pour chacun, soit on les cale tous les deux sur le même rythme. Les deux méthodes ont leurs avantages et leurs inconvénients, à vous de voir comment vous envisagez la chose. Une réunion de préparation avec une sage-femme ou une spécialiste en lactation vous aidera à vous préparer au mieux.

À la demande pour chacun, vous suivez le rythme de vos bébés qui, même s'ils sont jumeaux, sont différents. Cela implique en ce qui vous concerne une grande disponibilité, car vous allez passer beaucoup de temps à allaiter.

En synchronisé, dès les débuts, quand l'un réclame, vous mettez les deux au sein. Les premières mises au sein risquent d'être un peu acrobatiques, mais avec un coussin d'allaitement et quelques jours de pratique, vous trouverez vos marques. Du coup, l'allaitement n'est pas franchement à la demande pour vos jumeaux. Cette méthode à l'avantage de vous laisser plus de temps libre pour vous reposer. Elle a aussi l'avantage de permettre à un bébé qui tète moins bien que l'autre, ce qui est fréquent chez les jumeaux qui naissent souvent avec un peu en avance, de bénéficier d'une tétée plus facile, le réflexe d'éjection étant déclenché par son frère ou sa sœur.

Pensez dans les deux cas à alterner en proposant les deux seins aux deux bébés.

Si vous décidez d'en mettre un au sein et l'autre au biberon et d'alterner la tétée suivante, vous risquez de vous compliquer la vie en cumulant la vaisselle, les fuites de lait et en oubliant qui a tété et qui a bu au biberon. En alternant, vos bébés peuvent aussi avoir du mal à téter au sein après avoir bu au biberon.

Pensez également à votre confort. Vous allez passer de longues heures avec un ou deux bébés au sein, ménagez votre dos et aidez-vous de coussins d'allaitement.

Face à une naissance de jumeaux, le principal est d'avoir de l'aide pour pouvoir se consacrer au maximum à ses bébés sans avoir à s'inquiéter de la gestion des tâches ménagères. Mettez en place un système vous permettant de vous consacrer complètement à vos bébés. Embauchez quelqu'un pour le ménage, les draps, le linge si besoin, demandez par exemple à votre mère de venir s'installer quelques semaines à la maison. Cela implique des concessions et des sacrifices (financiers et autres) mais c'est primordial pour tenir le coup face à la sollicitation d'un allaitement double.

→ Relancer sa lactation

Vous avez peut-être commencé à allaiter puis vous avez sevré votre bébé. Finalement, ce sevrage ne vous convenant pas, vous voulez reprendre l'allaitement. Vous avez peut-être préféré donner des biberons dès la naissance mais, finalement, vous voulez l'allaiter. Tout cela vous paraît infaisable ?

La première chose à savoir est qu'en termes d'allaitement, tout est possible avec beaucoup d'énergie et de longs moments passés en face-à-face avec le tire-lait. En général, la lactation se relance, mais on ne peut pas prévoir dans quelle mesure.

L'idée est de restimuler votre production lactée. Commencez par proposer le sein à votre bébé. Il saura peut-être encore téter et c'est encore lui le meilleur pour relancer votre lactation. S'il ne veut pas téter, vous pourrez lui proposer à nouveau quand vous aurez du lait.

Tirez votre lait 6 à 8 fois par jour durant une bonne dizaine de minutes. Ça n'est pas forcément agréable de tirer sans produire, mais la persévérance paye, ayez confiance en vous. Donnez à votre bébé le lait tiré dans son biberon. Au fil du temps, vous diminuez les quantités de lait artificiel du nombre de millilitres tirés.

Cela peut prendre de longues semaines alors soyez patiente et régulière dans vos tirages.

Une fois que la lactation semble relancée, proposez à nouveau le sein à votre bébé. S'il n'en veut pas, ne le forcez pas. Certains bébés ne retournent jamais vers le sein de leur maman ; vous pouvez toujours lui faire bénéficier des bienfaits de votre lait en le tirant et en lui donnant au biberon.

Notes

acte
9

L'allaitement long

Ouverture

Allaiter, oui ! mais jusqu'à quand ? La jeune maman que vous êtes débute souvent son allaitement sans se poser la question ou bien en se fixant une durée minimum. Vous vous dites : « ça serait bien que je l'allaite au moins 3 mois », par exemple. Au fil de l'allaitement, vous réalisez que cette durée prévisionnelle ne correspond pas à votre envie et à votre ressenti du moment. Peut-être avez-vous envie de sevrer ou peut-être ne voyez-vous pas de bonne raison d'induire un sevrage et l'allaitement se poursuit alors. Cette décision est personnelle et ne doit être remise en cause par personne. Elle vous appartient et n'a pas besoin d'être sujette à discussion. La seule personne avec qui vous devez en discuter, c'est le papa du bébé.

SCÈNE 1
Une pratique de plus en plus courante

L'allaitement long, qui était encore marginal il y a une décennie, devient de plus en plus courant. Il est pourtant très mal accepté par notre société ambivalente au sujet de l'allaitement qui estime que « six mois c'est bon pour le bébé mais ensuite, c'est juste pour faire plaisir à la maman ». Rappelons que L'OMS préconise un allaitement maternel exclusif de six mois puis un allaitement complété par une diversification jusqu'à l'âge de 2 ans. Il est donc tout à faire naturel d'allaiter un bébé de plus de 6 mois quels que soient les avis négatifs sur le sujet surtout si vous allaitez un enfant qui marche et vient réclamer le sein en public.

QU'EST-CE QUE L'ALLAITEMENT LONG ?

On parle d'allaitement long quand il se poursuit après l'âge de 6 mois et la diversification de l'enfant. On constate en discutant avec les mamans qui ont allaité longtemps que, bien souvent, elles n'ont pas décidé de le faire. Leur allaitement se passant bien, elles ont continué naturellement sans se poser de questions et sans trouver de bonnes raisons d'arrêter.

L'allaitement long permet de renforcer les bienfaits de l'allaitement que l'on a déjà évoqué concernant la santé, mais aussi le développement intellectuel.

L'allaitement long offre également des avantages à la maman qui est mieux protégée contre certaines maladies comme le cancer du sein.

Elle permet à la maman et au bébé de conserver un lien particulier et de partager un moment câlin lors des tétées.

Sur le long terme, cela permet également une économie financière non négligeable.

L'ALLAITEMENT LONG AU QUOTIDIEN

Évidemment, il est plus aisé d'allaiter longtemps quand on ne travaille pas et que l'on reste près de son bébé. Être avec lui toute la journée, c'est avoir la possibilité de lui donner le sein dès que le besoin se fait sentir. Pourtant, avec un peu d'organisation, l'allaitement long est tout à fait compatible avec la reprise d'un travail à plein temps (voir acte 7, page 133) et il permet à la maman de mieux vivre la séparation d'avec son bébé si elle se révèle compliquée pour elle.

Au quotidien, vous pouvez mettre en place l'allaitement long comme vous avez envie de pratiquer. Tout est possible, à vous de trouver ce qui convient le mieux.

Classiquement, les mamans qui allaitent longtemps font ainsi : le bébé boit le lait maternel en fin de repas, les mamans proposent le sein quand il a une petite soif ou quand il a un chagrin. C'est aussi un très bon moyen de l'aider à s'endormir, de le rassurer quand il est angoissé et de lui faire absorber quelque chose quand il a faim. À partir d'un certain âge, le bébé devenu assez grand va demander seul le sein et viendra parfois réclamer son dû en vous disant un petit mot ou en soulevant votre tee-shirt pour se servir tout seul. À vous de voir si cette mise à disposition de votre corps, ce côté self-service vous convient ou non. À vous d'établir les limites en expliquant à votre enfant ce que vous acceptez ou non et dans quel cadre.

Libre à vous de sevrer votre enfant si l'allaitement ne vous convient plus quelle que soit votre raison ou d'allaiter votre enfant jusqu'au sevrage naturel. Le sevrage naturel intervient selon les enfants entre l'âge de 2 ans et 6 ans. Si votre enfant se détourne du sein avant 2 ans, il y a une raison à ce désintérêt et cela n'est pas un sevrage naturel. À vous de voir si dans ce cas, vous souhaitez continuer à allaiter (voir grève de la tétée, page 84) ou si la situation vous convient.

➔ Le co-allaitement

Le co-allaitement consiste à allaiter vos deux enfants en même temps. En effet, si vous ne voulez pas sevrer l'enfant le plus grand quand son petit frère ou sa petite sœur arrive, il s'agit alors de faire cohabiter deux allaitements. Certaines mamans souhaitent co-allaiter, mais les changements de goût du lait et la baisse de lactation qui peuvent intervenir durant la grossesse conduise l'enfant déjà là à se détourner du sein. Si tel n'est pas le cas tant mieux. Votre enfant peut, en revanche, réclamer à téter à nouveau en voyant son petit frère ou sa petite sœur téter.

Votre corps est tout à fait apte à produire du lait pour nourrir vos deux enfants et à s'adapter à la demande. De plus, le co-allaitement permet de ne pas avoir d'engorgement durant la montée de lait, le plus grand pouvant téter pour vous soulager.

Dans un co-allaitement, la priorité est donnée à l'enfant le plus jeune dont c'est la seule nourriture ; c'est-à-dire que c'est à lui qu'il faut proposer le sein le plus plein et que le plus grand prend alors l'autre sein ou attend que le plus petit finisse de manger pour téter à son tour.

Le co-allaitement pose souvent problème à l'entourage qui trouve cela contre-nature, ne soyez pas étonnée des réflexions que vous pourriez entendre. Peut-être que vous-même, il y a quelques années, vous auriez trouvé cette idée déconcertante avant de la mettre en application.

Il est possible de mal vivre ce co-allaitement et d'avoir éventuellement un agacement envers l'enfant le plus âgé parce que vous pouvez vous sentir trop sollicitée.

SCÈNE 2
Assumer son choix

Vous pouvez vous sentir tout à fait à l'aise face à votre choix d'allaitement long, la pression extérieure peut faire vaciller vos certitudes.

COMMENT GÉRER LE REGARD EXTÉRIEUR ?

Face à un allaitement qui se prolonge, et encore plus quand une maman allaite un enfant qui a des dents, qui marche ou qui parle, l'entourage ne parvient pas à rester neutre. Cela dérange, choque, interroge, inquiète, dégoûte.

L'allaitement d'un bébé de plus de 6 mois laisse place à tous les fantasmes et vous allez devoir vous armer contre les remarques déplacées qui traduisent une grande méconnaissance du sujet dans notre société : « c'est incestueux », « tu ne couperas jamais le cordon », « quand est-ce que tu comptes arrêter ? », « il va finir par te mordre »...

Suivant votre personnalité et votre confiance en vous, vous trouverez la patience et l'humour pour vous sortir de ces situations en y répondant de manière éclairée ou par une pirouette. Si vous ne souhaitez pas discuter de cela avec votre entourage, en attendant l'évolution des mentalités, le meilleur moyen est d'allaiter discrètement. Expliquez à votre enfant que, quand il y a des gens autour, vous ne souhaitez pas qu'il vienne téter sans vous demander votre avis, signifiez-lui que la tétée c'est entre vous deux et que cela ne regarde personne, si tel est votre souhait.

ET LE PAPA ?

Certains papas ne sont pas du tout favorables à l'allaitement long parce qu'ils ont l'impression de « perdre » un peu leur femme. Il peut être difficile de faire cohabiter les deux facettes des seins : celle nourricière et celle érotique. Plus l'allaitement dure, plus cela peut devenir compliqué. Le papa peut être ébranlé par cet allaitement long. Il est important d'en discuter avec lui et de ne pas laisser de distance s'installer.

Le conjoint peut aussi parfois se sentir exclu de cette relation mère-enfant qui dure dans le temps et peut se sentir tenu à distance par sa compagne qui s'épanouit dans ce rôle de mère nourricière. Il est important de lui rappeler à quel point vous avez besoin de lui et de son soutien dans votre rôle de mère allaitante. Écoutez-le également et laissez-lui la place, son rôle de tiers séparateur est important dans votre relation mère-enfant.

En ce qui concerne les remarques extérieures, elles peuvent également le toucher et le gêner. Apprenez à en plaisanter ensemble, à trouver les réparties bien senties qui vont vous permettre de ne pas être pris au dépourvu et qui vont renforcer votre complicité.

OÙ TROUVER CONSEIL

L'allaitement long est assez mal connu par les pédiatres et autres médecins qui peuvent suivre votre enfant même si de plus en plus d'entre eux se forment et sont informés des bienfaits de l'allaitement long.

Les remarques de l'entourage, mal informé et parfois en manque de bienveillance, peuvent vous miner au quotidien et vous ébranler malgré votre forte envie de maintenir un allaitement long.

Vous aurez peut-être du mal à trouver du soutien et une écoute adaptés à votre situation. Aussi, tournez-vous vers d'autres femmes qui pratiquent l'allaitement long et qui pourront partager leurs expériences avec vous. Vous pouvez vous tourner vers la Leche League qui organise des réunions www.lllfrance.org/Que-faisons-nous/Les-reunions-LLL.html

Vous pouvez également contacter une antenne du réseau Solidarilait s'il y en a une à proximité de chez vous : www.solidarilait.org

acte 10

Le sevrage

Ouverture

Tout allaitement qui débute se termine par un sevrage, qu'il soit naturel ou induit. C'est à vous de décider, idéalement en accord avec votre conjoint, quel est le moment le plus opportun de le faire pour vous, votre vie de famille, votre vie professionnelle et votre vie de femme. C'est à vous de dire que votre allaitement vous satisfera s'il dure un mois ou s'il va jusqu'au sevrage spontané de l'enfant. Ce n'est pas à la société de vous imposer une durée minimum ou une date de péremption à votre allaitement. Quelle que soit la durée de votre allaitement, il s'agit d'un plus que vous avez offert à votre enfant pour son futur. Entre la simple tétée de bienvenue et l'allaitement d'un enfant de 3 ans, il y a un monde mais pourtant, le fond reste le même, l'allaitement est un bénéfice.

SCÈNE 1
Comprendre le sevrage

Le sevrage peut être vécu de manières très différentes. Certaines femmes en sont heureuses, d'autres nostalgiques, d'autres soulagées, d'autres tristes… C'est la fin d'une histoire, la fin d'un moment de vie commencé au début de la grossesse. C'est aussi le début d'une indépendance toute nouvelle pour vous et votre enfant qui grandit et s'autonomise. L'enfant également pourra le vivre de manières complètement différentes suivant son âge et son attachement au sein maternel.

QU'EST-CE QUE LE SEVRAGE NATUREL ?

Le sevrage naturel est le sevrage décidé par l'enfant. Il intervient à partir de l'âge de 2 ans (et jusqu'à 6 ans). Un enfant qui se détourne du sein seul avant cet âge n'implique pas un sevrage naturel. Il s'agit alors d'un élément extérieur qui est venu interférer dans votre allaitement. Cela peut être par exemple la prise du biberon, le changement de goût du lait pendant une grossesse, un nouveau parfum appliqué sur votre peau… Si vous souhaitez continuer à l'allaiter à ce moment-là, il faudra trouver les raisons de cette grève de la tétée (page 84) et y remédier.

ÊTES-VOUS PRÊTE À LE SEVRER ?

Vous avez décidé de sevrer votre enfant et personne ne devrait vous le reprocher. Cependant, envisagez tout de même ce sevrage calmement et faites le point avec vous-même. Vous sentez-vous prête ? En avez-vous vraiment envie ? Si la réponse est non, il est peut-être possible de trouver des solutions pour continuer à allaiter. La reprise du travail n'implique pas fatalement un sevrage, un voyage sans votre bébé ou une hospitalisation non plus. Ces situations et bien d'autres impliquent quelques aménagements certes, mais ils sont envisageables.

Pourquoi insister sur votre envie ? Parce que si vous n'avez pas envie de sevrer, parce que si c'est une obligation ou quelque chose que vous vivez comme telle, le sevrage aura toutes les chances d'être bien plus compliqué. Plus compliqué pour vous qui le faites à contrecœur et plus compliqué pour votre bébé qui sent bien ce qui se passe.

SCÈNE 2
Comment mettre en place le sevrage ?

Plus votre sevrage sera rapide, plus vous risquez d'en subir les inconvénients. Il est donc conseillé d'anticiper la chose pour que cela se déroule au mieux et que votre corps ait le temps d'aller à son rythme, mais vous pouvez tout à fait sevrer plus rapidement si besoin. Comme pour tout ce qui concerne l'allaitement, c'est à vous de jauger ce qui correspond le mieux à votre cas.

Pour commencer le sevrage, il vous suffit de supprimer une tétée et de la remplacer par un biberon de lait artificiel (voir acte 3, page 71 et acte 7, page 135). Une fois que votre corps a bien assimilé le changement, vous pouvez supprimer une autre tétée. Même si vous êtes pressée, essayez tout de même d'espacer les suppressions de trois jours. Une période d'une à deux semaines représente un laps de temps qui semble bien convenir pour une transition en douceur.

Quand il vous reste les tétées du soir et du matin, à vous de choisir laquelle vous voulez garder en dernier. La tétée du matin permet de commencer la journée avec un petit câlin agréable et soulage les seins, la tétée du soir aide souvent votre enfant à s'endormir plus facilement.

Le sevrage ne se passe pas de la même façon selon l'âge de votre bébé. Les six à huit premières semaines, votre bébé pose peu de souci et ne fait pas le difficile. Ensuite, il peut montrer son désaccord et refuser le lait artificiel ou le biberon.

Le sevrage vers 8-9 mois peut également se révéler plus difficile pour le bébé qui s'autonomise énormément avec ses premiers déplacements, la position debout et qui paradoxalement doit faire face aux angoisses de séparation.

Un bambin qui marche et qui parle peut signifier de manière très claire son refus d'être sevré et son attachement au sein.

Dans tous les cas, parlez à votre enfant et expliquez-lui vos raisons.

Le plus de la sage-femme

Quel que soit l'âge de votre enfant, vous pouvez commencer à lui parler de votre décision de sevrage plusieurs jours avant. Et jour après jour vous lui re-dites : « Dans une semaine, je te donnerai ta dernière tétée, et ensuite tu boiras le lait au biberon ». Le lendemain : « Dans six jours, je te donnerai ta dernière tétée, et ensuite tu boiras le lait au biberon », etc.

Même si l'enfant ne comprend pas les mots comme nous, les adultes, les comprenons, il comprend parfaitement bien « l'intention » que ces mots véhiculent.

À essayer...

Les problèmes classiques que vous pouvez rencontrer :

- **Votre bébé n'apprécie pas le lait artificiel.** Cela peut être d'abord un problème de température. Testez différentes températures : ambiante, tiède, chaude... Il peut s'agir du goût. Vous pouvez essayer un autre lait ou mélanger du lait maternel à du lait artificiel. Si votre bébé boit 120 ml, préparez par exemple 30 ml d'eau et une dosette de lait et vous y ajoutez 90 ml de lait maternel. Si cela lui convient mieux, continuez ainsi en diminuant chaque fois la quantité de lait maternel pour finir par le supprimer complètement.
- **Votre bébé refuse la tétine du biberon.** Choisissez une tétine la plus proche de la forme du sein. Chauffez-la sous l'eau chaude pour l'assouplir avant de la donner à votre bébé. Essayez aussi différentes textures : latex ou silicone.
- **Votre bébé refuse son biberon.** Faites-le donner par une autre personne, car s'il sent le lait à proximité, il préférera sûrement une tétée et ne comprendra pas pourquoi vous lui proposez autre chose. N'hésitez

pas à sortir de chez vous lorsque le papa ou une tierce personne fait cette tentative de biberon.

- **Vos seins sont très tendus quand vous faites disparaître une tétée.** Si vous le pouvez, prenez une douche chaude, videz vos seins manuellement et massez-les. Tirez du lait très modérément. Buvez un peu moins le jour où vous supprimez une tétée.
- **Vous avez beaucoup de fuites quand vous ôtez une tétée.** Changez régulièrement vos coussinets. Vous pouvez appuyer sur le mamelon pour stopper l'écoulement.
- **Certains bébés ne mangent rien durant des journées complètes en attendant leur tétée.** Ne vous inquiétez pas, cette grève de la faim se règle en général au bout de quelques jours et tout comme il peut jeûner la nuit, il ne risque rien à le faire la journée.
- **Pour éviter les vergetures,** hydratez bien vos seins, car ce sont les changements de volume qui peuvent les faire apparaître.

Le plus de la sage-femme

La nature étant bien faite, il existe un facteur qui inhibe (empêche) la fabrication de lait supplémentaire lorsque le sein est très tendu. Donc ne cherchez surtout pas à vider vos seins s'ils sont trop pleins lors du sevrage. N'utilisez le tire-lait qu'avec parcimonie (si cela devient trop tendu à votre goût, ou douloureux) et rassurez-vous en sachant que lorsque le sein est tendu, cela met en route un système d'arrêt de la lactation. Donc exactement ce que vous souhaitez.

Si votre bébé était allaité exclusivement, ses selles vont se modifier avec la prise de lait artificiel. Elles seront plus odorantes (on peut même dire malodorantes) et elles vont changer de couleur. Ne soyez pas inquiète si vous vous trouvez face à une couche bicolore, c'est tout à fait normal !

SCÈNE 3
La vraie fin de l'allaitement

Vous donnerez peut-être votre dernière tétée sans savoir qu'il s'agissait de votre dernière tétée. Vous pouvez aussi en faire un moment un peu particulier en choisissant un jour précis. Prévenez votre bébé qu'il s'agit de votre dernière tétée, que vous avez partagé un bel allaitement tous les deux et qu'il touche à sa fin. C'est le moment d'en profiter encore une fois, de se concentrer sur les sensations et la douceur de ce partage.

Le lait va diminuer de manière progressive. À chaque tétée de moins, votre corps produit moins et la régulation va se faire sur quelques jours. Plus vous prenez le temps de sevrer votre bébé sur la durée, moins cela sera inconfortable pour vous.

Le lait peut continuer à sortir quand on presse le mamelon pendant plusieurs semaines voire plusieurs mois. Après un allaitement, la glande peut rester fonctionnelle et fabriquer du lait pendant plusieurs années.

Le plus de la sage-femme

Et si le sevrage est allé un peu trop vite et que vous avez des regrets, pourquoi ne pas conserver une « tétée-câlin » ou deux, juste pour le plaisir de vous retrouver tous les deux après une journée de travail ou le week-end ? Cette « tétée-câlin » apportera sans doute peu de lait (vous compléterez avec le biberon de lait artificiel), mais plein de tendresse à la place.

Les témoignages

Ouverture

Chaque allaitement est différent et pourtant tous les allaitements du monde ont des points communs. Nous vous proposons ici quelques témoignages de mamans allaitantes et de papas qui peut-être vous aideront, vous inspireront, vous rassureront, vous motiveront…

CÉLINE, 37 ANS

Maman d'une fille de 13 ans (allaitée 3 mois), d'un garçon de 11 ans (allaité 4 mois) et d'un garçon de 8 ans (allaité 16 mois)

Allaiter pour moi était normal. Je me souviens de ma mère allaitant mes frères et je me souviens d'avoir goûté le lait de ma mère. D'où ma surprise quand j'ai vu comment l'allaitement était abordé à la maternité. En 2000, il n'y avait pas d'aide, cela devait couler de source. Une sage-femme m'a montré différentes positions pour les crevasses, mais c'est tout. En fait, je n'imaginais pas que cela pouvait mal se passer, que j'allais avoir mal, que cela pouvait être compliqué. J'avais 25 ans, c'est surtout ma mère qui m'a aidée, en m'expliquant comment tirer mon lait et dédramatisant les soucis. Pourtant, malgré les galères, je n'ai jamais imaginé laisser tomber. Je ne me voyais pas donner le biberon, dans mon esprit c'est « tu accouches, tu allaites ! ». J'ai repris le travail quand ma fille avait deux mois, ma lactation a rapidement baissé, car je ne l'ai pas entretenue, je l'ai donc allaitée trois mois. Même chose pour mon fils, j'ai repris le travail et c'était un gros bébé qui dormait beaucoup, ma lactation a donc vite chuté.

Pour mon troisième enfant, j'étais en congé parental. Après deux enfants, je pensais avoir un master en lactation et pourtant les débuts ont été difficiles. J'ai eu de grosses crevasses, mais je me suis accrochée, renseignée, j'ai essayé des dizaines de positions. J'ai eu mal durant 3 mois.

Et puis j'ai découvert à quel point l'allaitement est pratique passé 6 mois. Plus de montée de lait, plus de fuites de lait, plus de seins gonflés !

J'ai le regret de ne pas avoir allaité mes deux grands aussi longtemps mais à l'époque, je manquais d'informations, et ma situation professionnelle n'était pas facile à gérer.

Je garde de ces trois allaitements le même souvenir d'une petite main qui se pose sur le sein.

ANNE, 27 ANS

Une fille de 3 ans ½ (allaitée 15 mois) et un garçon de 2 ans (allaité 21 mois)

Quand j'étais adolescente, je me disais que je n'allaiterais jamais, car j'étais trop pudique. C'était hors de question et à l'époque, je ne savais pas si c'était meilleur ou pas. Ma sœur a eu plusieurs enfants avant moi et je l'ai vue allaiter, j'ai entendu que c'était meilleur pour les bébés.

Lors de ma première grossesse, j'étais dans un trip écolo et je n'étais pas riche, je me suis dit que j'essaierais d'allaiter. À la naissance de ma fille, l'allaitement s'est déroulé très simplement malgré quelques douleurs les premiers jours et un réflexe d'éjection fort (REF). On m'a tout de suite expliqué ce que c'était et on m'a donné quelques conseils et le souci a été réglé.

Je n'ai pas décidé de passer à l'allaitement long, cela s'est fait tout seul. Quand j'étais enceinte de trois mois, ma fille avait 15 mois et elle s'est détournée du sein toute seule. C'était plutôt bien, car je n'avais pas forcément envie de co-allaiter.

Pour mon deuxième allaitement, même topo avec un REF facile à gérer. La fin de l'allaitement s'est faite vers 21 mois. Il ne tétait plus que le matin, de mon côté, je commençais à avoir envie que cela s'arrête. Un matin, il a fait la grasse matinée et a sauté la tétée.

J'ai créé une communauté sur Facebook (Allaiter les pieds sur terre) parce que j'ai eu envie de m'engager sur ce thème. J'ai découvert que de nombreux allaitements échouaient, je voulais aider. J'ai eu aussi envie de déculpabiliser les mamans allaitantes et de partager autour de l'allaitement qu'il dure quelques jours ou plusieurs années.

STÉPHANIE, 37 ANS

Maman de 3 garçons de 7 ans, 3 ans et 4 mois (allaités 2 mois, 4 mois et en cours)

J'ai accouché les trois fois dans la même maternité qui est pro-allaitement. Dans le service de suites de couches, les mamans sont très épaulées et bien conseillées.

Pourtant, à 3 jours, mon aîné ne prenait pas assez de poids. À la sortie, la conseillère en lactation m'a conseillé de compléter avec un biberon et m'a donné une bouteille de lait. J'ai donné ce lait et je suis passé en mixte, cela a duré deux mois car je ne produisais plus assez de lait. J'ai été mal conseillée, je ne savais pas que ces compléments pouvaient mettre en péril un allaitement.

Pour mon deuxième, même chose mais, en plus, nous étions séparés plusieurs fois en journée, car il recevait des perfusions d'antibiotiques. Quand il a eu 6 jours, un pédiatre a dit qu'il fallait lui donner des compléments de lait pour qu'il reprenne des forces. J'ai écouté le médecin mais maintenant avec le recul, je sais que cet allaitement aurait pu marcher sans ça. J'ai allaité 4 mois en mixte mais pas comme je le voulais.

Pour mon dernier, même chose. Mon fils ne prenait pas assez de poids. La même conseillère en lactation m'a conseillée de tirer mon lait et de le donner en complément, mais elle m'a tout de même donné une bouteille de lait artificiel que je n'ai pas utilisée. Au bout de douze jours, il avait pris seulement 20 grammes, mais l'allaitement a été bien lancé en trois semaines et il s'est mis à prendre du poids et à 3 mois il pesait 6,5 kilos ! Il nous fallait juste du temps.

On met les femmes qui allaitent dans l'urgence. J'ai réalisé que si je commençais à douter, ça allait recommencer comme pour les premiers. Je me suis fait confiance, je lui ai fait confiance.

MARIE, 29 ANS

Maman d'une fille de 2 ans (allaitée 2 mois et demi)

J'avais un vrai dégoût pour l'allaitement. J'étais écœurée par mes copines qui allaitaient devant moi, beurk.

Avant la naissance de ma fille, j'avais acheté les biberons même si mon mari me disait « mais tu sais l'allaitement, ça peut être bien » et que les gens m'y encourageaient gentiment. Moi, je voulais vite retourner travailler.

J'ai eu un très facile et très bel accouchement. On me l'a posée sur le ventre et elle a tout de suite attrapé le sein. En un instant, tu deviens maman et tout change. C'est ma fille qui m'a imposé ce qu'elle voulait. J'ai trouvé ça naturel. Le dégoût et la gêne que j'avais a priori ont disparu.

Si j'ai beaucoup aimé l'aspect intime de cette relation avec ma fille, je n'ai jamais pu allaiter en public. Je ne suis pas très pudique, mais je ne me voyais pas allaiter dans le bus. J'avais été gênée par d'autres, donc je n'avais pas envie de le faire.

J'ai eu beaucoup de lait, mon allaitement s'est passé très facilement. J'ai arrêté à regret à 2 mois et demi avec la reprise du travail et je n'avais pas envie de tirer mon lait. J'étais censée donner le biberon mais le soir, je continuais parfois à lui donner le sein. Mais il y aura d'autres enfants donc il y aura d'autres tétées.

Je garde de cet allaitement le souvenir des tout premiers sourires d'ange, ceux d'après les tétées.

En ce qui me concerne par rapport à l'allaitement, on peut dire qu'il y a eu un avant et un après. La Marie pas maman et la Marie maman.

PASCALE, 41 ANS

Trois filles de 6 ans, 3 ans ½ et 15 mois (allaitées 3 ans, 2 ans ½ et en cours)

Ma mère m'a beaucoup parlé d'allaitement. Elle m'a toujours dit que je n'avais pas tété aussi longtemps qu'elle l'avait voulu, c'était quelque chose de très valorisé dans son langage.

Pour ma grande, j'ai eu des douleurs en rentrant à la maison et elle ne prenait pas beaucoup de poids ; j'étais suivi dans un hôpital « ami des bébés ». J'ai eu un rendez-vous avec une conseillère en lactation qui m'a donné des conseils pour les positions et qui m'a dit « je ne vais pas vous obliger à continuer » et tout s'est réglé tranquillement.

Comment je suis passée à l'allaitement long ? Je n'avais aucune idée arrêtée sur le sujet, je sentais juste que je n'allais pas arrêter. Mes lectures sur le maternage proximal prônant l'allaitement long jusqu'au sevrage naturel m'ont confortée sur ce chemin.

La pression pour arrêter s'est faite ressentir par l'entourage familial et plus largement. Certaines personnes se sentent autorisées à donner leur avis. Je me souviens d'une généraliste un peu lourdingue sur le sujet qui a changé d'avis au fil des années tout en se formant sur le sujet.

J'ai trouvé du soutien, car il y a de plus en plus de mamans qui pratiquent ce type de maternage. J'ai notamment participé à des réunions via le réseau Solidarilait. Dans ces réunions, tu es très encouragée, tu en ressors reboostée !

Lors de ma grossesse, j'allaitais toujours mon aînée. Je n'ai pas eu de douleurs, ma grande voulait continuer alors on a continué. À la naissance de ma cadette, j'ai co-allaité pendant 1 an même si mon aîné aimait moins le goût du lait, elle aimait téter. J'ai le souvenir d'avoir eu très faim avec les deux au sein ! Nous avons essuyé un muguet mais qui a vite été enrayé.

À la naissance de ma dernière, je ne me sentais pas l'énergie de faire un deuxième co-allaitement, j'ai demandé à ma fille d'arrêter et cela s'est fait en douceur.

Cela fait six ans que j'allaite sans interruption. La suite ? On verra !

ANGÉLIQUE, 37 ANS

Un garçon de 9 ans (allaité 6 semaines), une fille de 4 ans (pas allaitée)

Avant la naissance de mon fils, je ne savais pas trop quoi faire. On me disait que c'était bien d'allaiter, qu'il fallait le faire. Ma mère ne nous a pas allaités mon frère, ma sœur et moi, ça n'était pas quelque chose dont on parlait. On m'a mis mon fils au sein et j'ai commencé à l'allaiter. C'était assez simple. Je n'ai pas eu de douleur, j'avais du lait comme il fallait mais je me sentais coincée. L'allaitement me paraissait une entrave, un manque de liberté. Je tirais mon lait pour sortir, mais j'étais stressée par ce manque de liberté, cette impression que je ne pouvais pas m'éloigner de mon bébé, que je ne pouvais agir à ma guise. Au bout d'un moment, j'ai compris que l'allaitement ne me convenait pas et puis j'allais rapidement reprendre le travail donc je l'ai sevré. Je ne garde pas de cet allaitement un mauvais souvenir, mais je garde cette sensation d'entrave à ma liberté. À la naissance de ma fille, je lui ai donné la tétée de bienvenue et je suis ensuite passée aux biberons avec plaisir.

SARAH, 27 ANS

Maman d'un garçon de 6 ans (allaité 1 mois) et de jumeaux de 3 ans (allaités 8 mois)

J'ai très mal vécu ma première grossesse. Je vivais cela comme une intrusion dans mon corps, j'avais l'impression d'être squattée. Et puis l'amour à la naissance a été une évidence. Je me suis dit que je pourrais mieux m'occuper de ce bébé maintenant qu'il était à l'extérieur de moi. J'ai donc choisi de l'allaiter. Je lui ai donné le sein tout de suite. Et là, grosse désillusion. Je l'ai mal vécu. Je me suis sentie terriblement mal à l'aise alors que je n'avais aucune douleur, que c'était facile, et que j'adorais avoir mon bébé contre ma peau.

Ça a été très dur à vivre. Je ne sais pas si c'était psychologique ou physique mais je me sentais comme violée. J'ai essayé les bouts de seins mais ça n'allait pas mieux. J'ai donc tiré mon lait et je lui donnais au biberon. J'ai continué comme ça durant un mois, mais je n'ai pas assez stimulé, j'ai eu une baisse de lait. Et puis j'avais beaucoup de mal avec mon corps qui avait beaucoup changé, j'ai donc arrêté et donné du lait artificiel.

Pour les jumeaux nés prématurés, j'ai vécu la grossesse beaucoup plus sereinement malgré la gémellité. Même chose pour l'allaitement, mon ressenti a un peu évolué. Je pouvais les allaiter mais, au bout de cinq minutes, la sensation désagréable revenait. Je n'ai pas été conseillée et pourtant, j'ai continué à les allaiter durant cinq mois entre tétées et tire-lait. Je me suis écoutée, moi. J'ai détesté la manière de faire de l'hôpital. Il fallait que je note et il y avait beaucoup de pression parce qu'ils étaient prématurés alors qu'ils allaient bien. Je me suis écoutée et j'ai réussi à allaiter en mixte jusqu'à leurs 8 mois. Cela m'a réconcilié avec moi-même. J'aurais aimé trouver des conseils, de la bienveillance par rapport à l'allaitement mais finalement, cela m'a donné confiance en moi.

ROXANE, 38 ANS

Maman d'une fille de 13 ans (allaitée 4 mois), un garçon de 9 ans (allaité 2 mois et demi), d'une fille de 5 ans (allaitée 4 mois et demi) et d'une fille de 18 mois (allaitée 18 mois)

Je n'en ai jamais douté, j'allais allaiter.

Pour mon premier allaitement, j'habitais en Belgique, il n'y avait pas trop Internet à l'époque et on lisait Laurence Pernoud. J'ai allaité à l'aveugle, mais j'avais un bébé facile donc cela n'a pas posé de problème. Je me suis même battue pour conserver l'allaitement alors j'ai été opérée de l'appendicite quand elle a eu trois semaines. Je suis passée assez rapidement en mixte, car j'étais séparée du papa et je ne connaissais pas le tire-lait ! Je suis passée en mixte à 2 mois et demi et j'ai arrêté à 4 mois.

Pour mon fils, ça a été une catastrophe. Il pleurait tout le temps, il hurlait au sein droit. On pensait que j'avais un problème alors que c'était lui qui avait l'épaule coincée. J'ai manqué de lait peut-être parce que les tétées étaient trop courtes du coup et que c'était un gros bébé. Je lui ai donné des compléments, mais ça n'était pas harmonieux. J'ai été soulagée de passer au biberon.

Ma troisième n'a pas récupéré son poids de naissance à 1 mois, mais c'était un bébé qui dormait beaucoup, parfois de 20 h à 13 h ! Elle tétait ensuite toute la journée et avec les deux grands à gérer, je ne pouvais passer ma journée au sein. Elle a été hospitalisée et j'ai continué à l'allaiter durant son hospitalisation. Au retour à la maison, elle avait de forts besoins et je n'arrivais pas à suivre le rythme. Ça a fini en compléments.

Pour ma dernière, je me suis lancé un gros challenge. Accoucher, je sais faire. Mais allaiter ?

J'ai lu le livre « Bien vivre l'allaitement » avant même ma grossesse ! Je voulais me pardonner par rapport aux allaitements précédents, me déculpabiliser. J'ai retenu des phrases comme « mettre au sein, c'est jamais faux » et « tu auras assez de lait si tu la laisses téter ». Ça a fonctionné. Je n'ai jamais eu de lait en poudre chez moi durant cet allaitement. Comme ma fille dormait peu, elle était toujours pendue au sein, elle a toujours eu ce qu'il lui fallait.

J'ai repris le travail quand elle avait 9 mois. Je tirais mon lait au travail une fois par jour et on faisait une belle tétée de retrouvailles le soir.

Cet allaitement est une belle conclusion. Je me suis prouvé que je pouvais le faire. Je voulais allaiter au moins six mois et, de bout en bout de cet allaitement de 18 mois, nous étions d'accord ma fille et moi. Ça ne m'a jamais pesé et mon entourage ne m'a jamais embêtée avec ça.

ERWAN, 36 ANS

Papa d'un garçon de 7 ans (allaité 6 mois), d'une fille de 3 ans et d'une fille de 20 mois (allaitées 12 mois)

Avant d'être papa, je pensais déjà que l'allaitement était une bonne chose, si ma femme n'avait pas voulu allaiter, j'aurais trouvé ça dommage pour elle et pour le bébé.

Pour plein de raisons, je trouve que l'allaitement est pratique. Il n'y a pas de matériel à transporter, à laver… Une fois passée la période de la montée de lait et la mise en route, c'est un confort pour tout le monde : le papa, la maman et le bébé. Pour moi, il s'agit d'une relation entre la maman et son bébé, je ne m'en sens pas exclu et c'est à moi de construire ma relation avec mon enfant de mon côté sans prendre ombrage de cette fusion.

Je suis resté et j'ai dormi à la maternité à chaque accouchement pour aider et soulager ma femme au maximum, changer les couches et lui apporter le bébé dans le lit pour les tétées de nuit.

Pendant que ma femme donnait le sein, je faisais toujours attention à ce qu'elle ait de l'eau à proximité, c'était ma façon de participer. J'ai été furieux quand on lui a dit à la PMI qu'elle n'avait peut-être pas assez de lait tout ça parce que mon fils prenait du poids à son rythme. On entend partout que c'est mieux d'allaiter et pourtant, rien n'est fait pour aider les familles dans ce sens. Le congé maternité est bien trop court par exemple.

JÉRÔME, 29 ANS

Papa d'une fille de 9 ans et d'un garçon de 6 ans (allaités 3 mois ½ tous les deux)

Avant la naissance, nous avions parlé de l'allaitement avec ma femme. J'étais plutôt favorable à l'allaitement parce que je savais que c'était mieux pour le bébé. Ma femme voulait allaiter mais pas à tout prix.

C'était une envie pas une obligation. Si elle n'avait pas souhaité allaiter, je n'aurais pas insisté. Je l'ai soutenue dans son choix.

Notre fille est née prématurée de 6 semaines. La prématurité et son faible poids nous ont fait prendre conscience à quel point c'était important pour elle. Comme elle était petite et faible, ça a été un peu compliqué les premiers jours. Ma femme voulait au moins lui donner le colostrum. Je l'ai soutenue et encouragée à ce moment-là. Elle me dit que c'est ce qui lui a permis de tenir. Moi, ça m'a fait plaisir que cela marche et elle l'a allaitée trois mois et demi. Même chose pour notre fils qui est né un mois avant terme. Je me suis finalement senti très impliqué.

À mes amis futurs papas, je dis que les débuts peuvent être plus compliqués qu'au biberon mais qu'il y a plein de choses que peut faire le papa s'il ne donne pas le biberon.

Ma femme donnait le sein la nuit, mais je faisais faire le rot, je gardais les bébés droits pour éviter les remontées, je changeais les couches. En fait, j'étais réveillé plus longtemps qu'elle durant la nuit, mais ça me convenait très bien parce que j'aimais m'occuper de mes enfants.

Conclusion

En guise de conclusion, je voulais vous offrir mon témoignage de maman allaitante parce qu'au travers de mes trois allaitements, j'ai vécu de belles et très fortes émotions.

LE TÉMOIGNAGE DE L'AUTEUR MARJOLAINE SOLARO, 35 ANS

Un garçon de 6 ans (allaité 6 mois ½), une fille de 4 ans (allaitée 11 mois) et une fille de 18 mois (allaitée 8 mois).

Je ne me suis jamais posé la question d'allaiter ou non, c'était une sorte d'évidence : une fois mère, je ferai comme toutes les femmes de ma famille, je donnerai le sein.

Mon premier allaitement a été très simple et heureusement, car personne ne m'a aidée pour la mise au sein en salle de naissance et j'ai trouvé le personnel de suites de couches assez incohérent en ce qui concerne l'allaitement. J'ai allaité 6 mois et demi et j'ai continué à allaiter en mixte à la reprise du travail. C'était un conseil de la nourrice de mon fils. Un précieux conseil, car nos tétées de retrouvailles le soir nous ont fait beaucoup de bien. J'avais beaucoup de lait, j'ai donc tiré mon lait pendant plusieurs mois et j'ai la fierté d'avoir donné plusieurs litres de lait au lactarium de Paris. Cet allaitement a également renforcé mon couple parce que l'attention que m'a portée mon mari à ce moment-là a été très valorisante. En prenant soin de moi et en veillant à ce que je sois installée confortablement, il prenait également soin de notre enfant.

Ma fille cadette est née prématuré à 7 mois de grossesse. Je n'ai pas pu lui donner la tétée de bienvenue, mais elle a été mise au sein dès son premier jour. Elle ne tétait presque pas au début, mais avec le soutien des infirmières de néonat', j'ai réussi à mettre en place un allaitement tout en tirant mon lait qu'elle recevait via une sonde ou que je donnais au lactarium. Ça m'a paru très long et parfois décourageant, mais une fois de retour à la maison après un mois, la boîte de lait préma en poudre est restée au fond du placard et l'allaitement s'est lancé parfaitement. À trois mois, une bronchiolite sévère l'a conduite en réanimation durant une semaine. Son état était critique. J'ai recommencé à tirer mon lait en me disant que si elle sortait de ce coma, elle allait avoir besoin de mon lait pour s'en remettre au plus vite. À ce moment-là, l'allaitement est devenu une question de vie et de mort. Si je continuais à tirer mon lait, c'était parce que je croyais en elle et en sa force de vie. Elle a été sortie du coma au bout d'une longue semaine. Dès que j'ai pu, je lui ai donné mon sein qu'elle a tété goulûment malgré sa grande fatigue. C'était comme si je lui donnais sa tétée de bienvenue, celle que je n'avais pu lui donner à sa naissance. Je l'ai allaitée 11 mois.

Pour ma benjamine, l'allaitement a été d'une simplicité rare, si ce n'est que j'ai découvert les crevasses, car elle tétait énormément les premiers jours. Je n'ai jamais regardé l'heure, j'ai donné le sein à chaque signe d'éveil et, au bout de 3 jours, elle avait repris son poids de naissance.

Mes trois sevrages se sont passés en douceur. À chaque fois, je sentais que j'arrivais au bout de mon envie et pour qu'un allaitement se passe bien selon moi, il faut être deux. J'ai prévenu mes enfants avant, nous avons profité de notre dernière tétée et ils n'ont plus jamais cherché ou réclamé le sein ensuite.

Mes grands aiment beaucoup que je leur raconte comment je leur donnais le sein, c'est comme si en leur donnant mon lait, je leur avais aussi donné de la confiance en eux.

Annuaire

Nous vous proposons ici les coordonnées qui pourront vous être utiles tout au long de votre allaitement.

L'Association françaises des consultantes en lactation (AFCL)

Pour vous aider à trouver une consultante en lactation près de chez vous : http://consultants-lactation.org/

L'Association des lactariums de France (ADLF)

26 Boulevard Brune
75014 Paris
http://sdp.perinat-france.org/ADLF/index.php
Lactarium de Paris
26 Boulevard Brune
75014 Paris
Tél : 01 40 44 39 14

La Cofam (Coordination Française pour l'allaitement maternel) œuvre à la protection et au soutien de l'allaitement maternel :

- pour les femmes qui souhaitent allaiter et qu'elles puissent le faire le temps qu'elles veulent
- pour les professionnels qui accompagnent les mères et les enfants.

www.coordination-allaitement.org/

La Leche League est une association internationale de soutien à l'allaitement. Vous pouvez retrouver son antenne française qui existe depuis 1979 sur www.lllfrance.org

Vous y retrouverez notamment des publications proposant des informations vérifiées sur l'allaitement.

La Leche League est également un réseau de soutien qui propose des rencontres locales de soutien avec des conseillères.

Solidarilait est un réseau d'associations, de parents et de professionnels de santé concernés par l'allaitement maternel et l'accueil de l'enfant. Il s'agit d'un système d'écoute nationale qui propose des réunions et activités diverses au sein de ses antennes.

www.solidarilait.org/

SITES DE LOCATION DE TIRE-LAIT

- **www.suckle.fr** – Tél : 04 72 70 47 98 – Le prix de la location ne dépasse pas le prix remboursé par la sécurité sociale.
- **www.grandir-nature.com** – Tél : 0 800 622 833 (numéro vert) – Le prix de la location ne dépasse pas le prix remboursé par la sécurité sociale.

Notes

Notes

Notes

Notes

→ Notes

Notes

Notes

Notes

Notes

Notes

Notes

→ Notes

Ma p'tite famille !

La collection de guides qui a l'esprit de famille

200 activités à faire avec vos enfants
Sandra Heuter
Des idées originales pour toute l'année !

L'alimentation de mon enfant
Martine Walker
Éduquer mon enfant au plaisir de manger et le protéger du surpoids !

Bien manger en attendant bébé
Katrin Acou-Bouaziz
Un bébé en pleine forme sans prendre trop de poids !

Bientôt maman
Olivia Toja
Le compagnon indispensable de votre grossesse !

Le dico des petits et gros bobos
Marjolaine Solaro
Prévenir et guérir les maux de vos enfants !

Grands-parents débutants
Caroline Cotinaud
Adoptez la Papy zé Mamy attitude !

Ma famille recomposée
Bénédicte Magdeleine Vincent
Le guide de la famille en pièces détachées !

Ma grossesse en 300 questions/réponses
Marjolaine Solaro
Des experts répondent à toutes vos interrogations !

Ma p'tite famille !

Ma gym spéciale grossesse
Brigitte Parnet Evain
Pour être au top de votre forme pendant 9 mois… et après !

Maman débutante
Olivia Toja
L'essentiel pour bien s'occuper de bébé !

Maman organisée
Emmanuelle Hamet
Toutes les astuces pour devenir la plus sereine des mamans !

Maman sereine
Caroline Lambert
Mère et femme : les clés pour trouver votre équilibre

Maman travaille
Marlène Schiappa
Le 1er guide des mères actives !

Mon mariage
Peggy Mignot-Paillet
Organisez votre mariage entre restant zen et détendu(e) !

Papa débutant
Lionel Paillès
Le guide que tous les jeunes pères attendaient !

Le plus joli des prénoms
Sonia Julaud
Et vous, comment allez-vous l'appeler ?

9,95 € / 13 x 19 cm / Illustrés par Nathalie Jomard

Ma p'tite famille !

La préparation à l'accouchement
Benoît Le Goëdec

Toutes les méthodes pour accueillir bébé en douceur !

Se faire obéir tout en douceur
Vanessa Saab

Trouvez la juste autorité pour vos enfants du plus jeune âge à l'adolescence !

Un massage pour mon bébé
Nadia Ivanova

Tous les bienfaits des massages expliqués pas à pas !

9,95 € / 13 x 19 cm /
Illustrés par Nathalie Jomard

19,80 €

Parents débutants : le coffret
Olivia Toja et Lionel Paillès

Un coffret réunissant *Papa débutant* et *Maman débutante*, pour des jeunes parents dé-com-ple-xés !

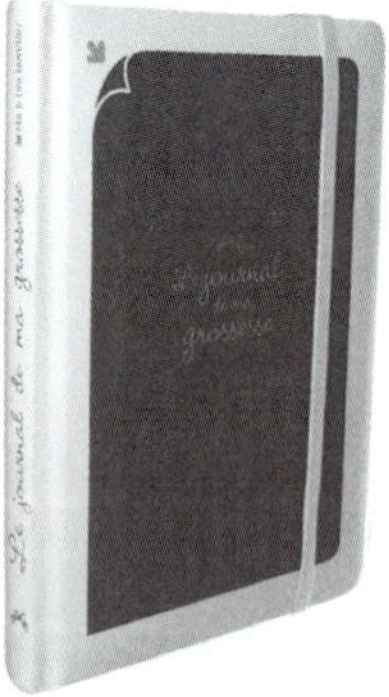

Le journal de ma grossesse
Olivia Toja

Un carnet pour tout comprendre et ne rien oublier de ces 9 mois.

12,95 €

Le p'tit journal de mon bébé
Olivia Toja

Un carnet tout doux à remplir pour ne rien oublier de sa première année.

12,95 €

Ma p'tite famille !

5,95 €

Cahier d'exercices pour Papa débutant
Lionel Paillès, illustré par Nathalie Jomard

Tout pour affronter la paternité avec humour !

Mon p'tit coffret de naissance
Olivia Toja

Le coffret cadeau idéal pour l'arrivée de bébé

19,95 €

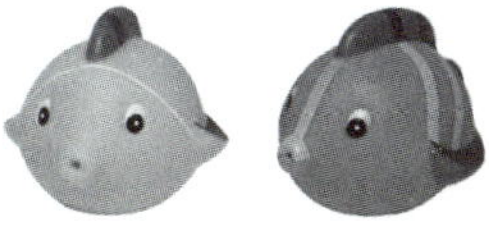